Sam Bloom

Sam Bloom
Wieder fliegen lernen
Meine Geschichte

Mit Bradley Trevor Greive & Cameron Bloom
Aus dem Englischen von Ralf Pannowitsch

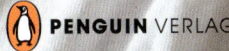

Die Originalausgabe erschien 2020 unter dem Titel *Sam Bloom: Heartache & Birdsong* bei HarperCollinsPublishers Australia Pty Limited.

Sollte diese Publikation Links auf Webseiten Dritter enthalten, so übernehmen wir für deren Inhalte keine Haftung, da wir uns diese nicht zu eigen machen, sondern lediglich auf deren Stand zum Zeitpunkt der Erstveröffentlichung verweisen.

Penguin Random House Verlagsgruppe FSC® N001967

1. Auflage
Copyright © der Originalausgabe 2020
Bradley Trevor Greive und Cameron Bloom Photography Pty Ltd.
Copyright © der deutschsprachigen Ausgabe 2021
Penguin Verlag, München, in der Penguin Random House Verlagsgruppe GmbH,
Neumarkter Straße 28, 81673 München
Umschlaggestaltung: Favoritbuero, München, nach einer Vorlage von HarperCollins Design Studio
Umschlagabbildungen: Cameron Bloom
Fotos im Innenteil: Cameron Bloom, mit Ausnahme von S. 184–185: Sam Ruttyn/Newspix und
S. 187: Chris Grant/ISA
Bildbearbeitung: Helio-Repro, München
Grafik: Jane Waterhouse
Satz: Oliver Schmitt, Mainz
Druck und Bindung: Mohn Media Mohndruck GmbH
Printed in Germany
ISBN 978-3-328-60230-9
www.penguin-verlag.de
www.penguinthemagpie.com

Für meinen Mann und unsere
drei hübschen Söhne

Selbstmitleid

Noch nie sah ich ein wildes Tier,

das sich selbst bedauerte.

Ein kleiner Vogel wird steifgefroren vom Ast fallen,

ohne sich je bedauert zu haben.

D. H. Lawrence (1929)

Vorwort

Das Leben ist manchmal schwierig, und schwierig ist es auch, davon zu berichten.

Aber ich möchte Ihnen alles erzählen.

Ich möchte mit klarer Stimme das Grauen aussprechen, den Zorn, den Schmerz, die versteckte Scham, die unsterbliche Liebe und die verzweifelte Hoffnung, die mich zu der gemacht haben, die ich heute bin.

Obgleich das, was mir widerfuhr, einmalig ist, so wie jedes Erleben tiefgreifender Veränderung, ist meine Geschichte doch auch die Geschichte aller, deren Leben plötzlich ganz anders verlaufen ist, als sie es sich erträumt hatten.

Ich bin nicht die Frau, die ich war.

Ich bin nicht die Frau, die ich sein wollte.

Ich bin so viel mehr als das.

Prolog

Jeden Morgen, wenn ich aufwache, sterbe ich ein wenig.

Wie sehr ich mich auch dagegen sträube – ich muss immer an früher denken. Als ich noch ich war.

Ich trauere um das Leben, das mir genommen, das meiner Familie gestohlen wurde. Noch immer kann ich kaum glauben, dass alles so gekommen ist.

Es ist leicht, bitter zu sein. Leichter als atmen.

Ein Teil von mir ist immer zornig. Das leugne ich nicht.

Nach dem, was ich durchgemacht habe, glaube ich heute, dass in jedem von uns eine Dunkelheit wohnt. Wir alle werden damit geboren, und wenn wir Glück haben, werden wir sie kaum einmal zu Gesicht bekommen, ja vielleicht nicht einmal flüchtig streifen. Aber wenn Sie einen Verlust erleiden, der Ihr ganzes Leben verändert, oder marternde Schmerzen verspüren oder, so wie ich, beides zusammen, dann beginnt diese Dunkelheit zu wachsen. Sie wächst und wächst.

Von unseren Gedanken breitet sich die Dunkelheit in jeden Nerv und jede Ader unseres Seins aus, bis sie uns ganz aufgebraucht hat. Wenn wir uns ihr ergeben, werden wir unversehens nicht mehr unser eigenes Leben führen, sondern nur noch von der Dunkelheit erfüllt sein. Sie gräbt uns tiefe Furchen ins Gesicht, zieht uns die Schultern nach vorn, lässt die weichen Stellen in uns verhärten. Und wie sehr wir dagegen auch ankämpfen, diese Dunkelheit ist immer da. Wir können alles tun, um sie zurückzudrängen, aber wir bekommen sie nicht aus uns heraus. Selbst in den glücklichsten Augenblicken liegt sie im Zentrum unseres Wesens, ein gezacktes, pechschwarzes Samenkorn, das immer bereit ist, Wurzeln zu schlagen, und beim ersten wütenden Gedanken, bei der ersten Aufwallung von Frustration und Hoffnungslosigkeit prächtig gedeiht.

Ich kann Ihnen nicht sagen, wie ich schließlich meinen persönlichen Kampf mit der Dunkelheit gewonnen habe, denn dieser Kampf ist noch nicht ausgefochten, und vielleicht wird er nie enden. Aber ich kann Ihnen berichten, wie ich es schaffe weiterzumachen – und weshalb.

Um es vorwegzusagen: Ich bin weder Motivationsguru noch Lebensberaterin, weder Psychologin noch irgendeine Art von Cheerleaderin zum Verbreiten guter Stimmung. Ich bin nicht die inspirierende Gestalt, als die mich viele Menschen gern sehen würden. Wenn es das ist, wonach Sie suchen, sollten Sie lieber woandershin schauen.

Ich kann Sie nicht heil und ganz machen. Nicht einmal mich selbst kann ich heil und ganz machen.

Mir fallen selten die richtigen Worte ein, um jemanden zu trösten und aufzumuntern, egal, was er oder sie gerade durchmacht. Meistens sage ich dann gar nichts.

Und ich sehe ganz bestimmt nicht aus wie jemand, der auf alles eine Antwort hat. Mir fehlt das, was man bisweilen eine »beherrschende Präsenz«

nennt. Ich bin die letzte Person, die Ihnen ins Auge fällt, wenn Sie einen Raum betreten. So ist es mir schon immer gegangen, und ich nehme es nicht persönlich. Ich bin still und klein. Gerade mal ein Meter zweiundfünfzig und ein Pferdeschwanz. »Zierlich« ist das schicke Wort dafür, aber im Grunde bin ich einfach nur ein Krümel.

Man hat mir so oft gesagt, dass ich als mittleres Kind eigentlich immer Beachtung suchen müsste. Das bringt mich zum Lachen, denn ich bin von Natur aus kein kontaktfreudiger Mensch. Ganz und gar nicht. Im Gegenteil, ich bin ein echtes Mauerblümchen. Vielleicht nicht das schüchternste von allen, zumindest nicht, wenn ich ein Glas Rotwein getrunken habe oder Tiere in der Nähe sind, aber bestimmt das zweit- oder drittschüchternste.

Von mir selbst zu sprechen, ist mir nie leichtgefallen, deshalb hatte ich immer Schwierigkeiten, neue Leute kennenzulernen. Als ich klein war, war meine beste Freundin eine Ente namens Daisy. Und von uns beiden war Daisy eindeutig die Selbstbewusstere.

Aber wenn es mir auch an Statur und Stimmkraft fehlen mag, an Mut mangelt es mir nicht – die einzigen Dinge, bei denen mir ein wenig mulmig wird, sind Sprechen vor Publikum und Mathematik.

Ich habe meinen tiefsten Ängsten gegenübergestanden und bin immer noch hier.

Das ist etwas, das zählt.

Sam Bloom

Aufgewachsen bin ich in einer normalen australischen Familie – sofern man australische Familien überhaupt als normal betrachten kann.

Mag sein, dass es einfach Nostalgie ist – ein Rückblick aus meinen Vierzigern, während ich im Rollstuhl festsitze –, aber ich hatte eine wirklich wunderbare Kindheit. Vor meinem inneren Auge sehe ich nichts als Sonnenschein und den grenzenlosen azurblauen Himmel über Sydney.

Ehrlich gesagt, kann ich mich an wenige Dinge aus meiner Schulzeit erinnern – jedenfalls an nichts Originelles oder Bedeutungsvolles –, aber lebendig im Gedächtnis geblieben ist mir, wie ich in unserem Hinterhof im Pool gespielt habe, wie ich Rollschuh lief oder meinem kleinen Bruder das Skateboardfahren beibrachte. Wie wir im nahegelegenen Nationalpark auf Buschwanderung gingen und uns die kleinen sonnenverbrannten Backen mit den saftigen, purpurfarbenen Maulbeeren vollstopften, die jedes Frühjahr hinten am Zaun reiften.

Gerade dachte ich, mein Leben könnte gar nicht mehr besser werden, da geschah es trotzdem. Als ich acht war, kauften meine Eltern eine Bäckerei, den Surfside Pie Shop in Newport, und unsere Familie zog nach Bilgola Beach. Wir hatten so viel Kuchen, wie wir essen konnten, und bis zum Ozean war es nur ein Spaziergang. Bald wurde Surfen zu einem wichtigen Teil meines Lebens – fast jeden Abend ging ich mit Meersalz in den Wimpern ins Bett. Für Kinder war es ein Paradies.

Wenn ich die Augen schließe, sehe ich nackte kleine Füße, die am Rennen sind, immerzu am Rennen, über Gras, vom Sommer versengte Fußpfade hinab und dann durch den weißgoldenen Sand. Ich konzentriere mich auf die Stelle, an der ich vom sauberen, trockenen Sand an die Flutgrenze komme. Wo der helle, quietschende Ton bei jedem Ferseneindruck zu dumpfem, nassem Getrommel wird, wenn ich dem Wasser entgegeneile. Diese Klanglandschaft habe ich damals nicht bewusst wahrgenommen. Heute tue ich es.

Wenn ich sage, dass ich eine echte Wasserratte war, soll das nicht heißen, ich wäre eine begabte Schwimmerin oder irgendwas in der Art gewesen. Ich meine damit, dass mich nichts glücklicher machte, als im Wasser zu sein, auf meinem Surfbrett an einem der schönen Strände im Norden Sydneys ins Line-up zu paddeln oder auf dem Windsurfbrett über die nahegelegenen Narrabeen Lakes zu gleiten – eine ausgedehnte Gezeitenlagune, umgeben von Eukalyptuswäldern, in denen es vor Wildtieren nur so wimmelt.

Ich selbst hatte nie viel Glück mit Therapeuten; die meisten Sitzungen scheinen meine scheußlichen Gefühle eher zu verstärken, als sie zu lindern. Aber wenn ich eine auf Traumata spezialisierte Psychiaterin wäre, würde ich jedem Patienten einfach empfehlen, an einem warmen, sonnigen Tag in Sydney an den Strand zu gehen und im Wasser herumzuplanschen.

Der Ozean hat etwas Machtvolles und zugleich Beruhigendes. Ich liebe die aufgeladene Stille des Meeres: Hat man es erst mal durch das Getöse und die Wucht der sich brechenden Wellen geschafft, befindet man sich plötzlich an einem Ort, der eine völlig andere Energie hat als der, den man hinter sich gelassen hat. Nichts von dem, was einen an Land plagte, hat noch irgendwelche Macht. Äußeres Chaos und innerer Tumult weichen Wind und Dünung. Man ist physisch und emotional schwerelos. Man ist frei.

Ich war noch kaum ein Teenager, als ich mein erstes Surfbrett kaufte – für 50 Dollar, gleich am Strand, von einem der einheimischen Surfer. Es waren beinahe meine gesamten Ersparnisse aus der Mitarbeit in der Familienbäckerei und abendlichem Babysitten. Das Board war ein rot-gelbes Malibu, ein Flugzeugträger mit riesiger grüner Finne, fast doppelt so groß wie ich, und oft balancierte ich es wie eine afrikanische Marktfrau auf dem Kopf, während ich langsam und vorsichtig durch den Sand stapfte.

Meine Surferfreunde aus der Schule rannten, so schnell sie konnten, in die Brandung und warfen sich noch in der Luft auf ihre Bretter. Dann zischten sie voran, bis ihnen eine Wand aus Weißwasser ins Gesicht klatschte. Bei mir war es anders. Ich ließ mir Zeit, tauchte mein Surfbrett sacht ins Wasser, als wollte ich ein Baby taufen, und paddelte dann gemächlich hinaus. Es lag nicht daran, dass ich das einzige Mädchen in der Gruppe war; der Grund war eher, dass ich es im Ozean nie eilig hatte. Ich wünschte mir, dass dieses Gefühl niemals enden würde.

Draußen auf dem Wasser war ich immer ganz ich selbst – oder jedenfalls zeigte sich dort der beste Teil von meinem Ich. Surfen bedeutete mir mehr, als einfach nur nach einem schlechten Tag in der Schule Druck abzulassen. Es war nicht bloß mein Lieblingssport, sondern noch wichtiger. Es war besänftigend, stärkend und irgendwie heilsam. Es gab mir Zeit zum Nachdenken und die Gelegenheit, meinen überfüllten Kopf frei zu bekommen. Mit erhobenem Haupt, wachsamen Augen und entspanntem Körper war ich nicht mehr kleiner als die anderen, denn dort draußen im großen Blau ist jeder von uns ein vollkommen unbedeutendes Nichts. Der Ozean lässt jedes Lebewesen zwergenhaft erscheinen, selbst die Wale, und so war ich endlich allen anderen Menschen gleich. Hier gehörte ich hin.

Sobald ich es hinter die Wellen geschafft hatte, setzte ich mich aufs Brett, holte Luft und beobachtete den Wellengang. Diesen Moment liebte ich – ich schaukelte wie eine Möwe auf den Wellen, sah das Licht auf dem Wasser tanzen und suchte den Einklang mit dem Meer. Ich jagte nicht den höchsten Wogen nach; angeben musste ich nicht. Stattdessen wartete ich immer auf die Welle, die für mich die richtige war. Besonders mochte ich die kleineren, glatteren Wellen, die wie geriffeltes Glas waren. Wenn meine perfekte Welle endlich am Horizont erschien und aus dem Bauch des Pazifik geradewegs auf mich zurollte, wuchtete ich mein rot-gelbes Ungetüm herum und begann zu paddeln, erst langsam, dann schneller und schneller, bis meine Hände sich mit grimmiger Entschlossenheit durchs Wasser krallten, damit ich den herrlichen Kipppunkt erreichte, genau vor der schäumenden Lippe der Welle, dort, wo der Ozean wieder die Kontrolle übernahm. In einer einzigen Bewegung sprang ich dann auf meine Füße, während ich die steile blau-grüne Vorderseite der Welle hinabfiel – Schwerelosigkeit für den Bruchteil einer Sekunde. Dann stieß sich meine Finne in den wirbelnden Fuß der kristallenen Wand. Ich konnte spüren, wie die grenzenlose Energie in meinen Beinen hochbrandete, und machte sie zu meiner eigenen.

Wie sehne ich mich heute nach diesem Gefühl.

Auch die Stille hat ihre Zeit, und ich mag ruhige Stunden in der Natur, mit einem guten Buch und vor allem in Gesellschaft der Menschen, die ich liebe. Aber auf einem Planeten, der sich mit mehr als anderthalbtausend Kilometern pro Stunde dreht, beruht vieles von dem, was das Leben lebenswert macht, auf Geschwindigkeit oder zumindest der Erinnerung daran. Die salzige Gischt im Gesicht, der Wind in den Haaren, der hochgehende Puls. Deshalb stecken Hunde den Kopf aus dem Autofenster, deshalb gibt es Achterbahnen. Wer den Ozean so liebt wie ich, für den fühlt sich jede Welle so beglückend an wie der erste Kuss.

Ein Aspekt des Surfens, den ich heute besonders schätze: Es verzeiht so unheimlich viel. Verstehen Sie mich nicht falsch, Surfen kann ein gefährlicher Sport sein, und Tag für Tag verletzen sich Surfer, besonders wenn sie ihren Sport auf höchstem Niveau betreiben. Aber für die meisten von uns ist das Wasser seltsam großzügig, ein weicher Boden zum Landen, der zu Verspieltheit anregt. Selbst wenn ich einen dummen Fehler machte, der in einen spektakulären Sturz, einen Wipe-out, mündete, mit dem Kopf voran, war es doch nur ein vorübergehender Rückschlag. Wenn mich Milliarden Liter wirbelnder Schaum unter Wasser gedrückt hielten und es sich wie eine Ewigkeit anfühlte, wusste ich doch, dass es in Wahrheit nur ein paar Sekunden waren. Wenn ich wieder auftauchte, hatte sich die kleine Explosion aus weißer Gischt bereits verflüchtigt, und das Wasser lag wieder glatt da. Alle Spuren meines würdelosen Aufpralls waren verwischt, und fortgewaschen war auch meine Blamage. Mit einem Lächeln auf dem Gesicht paddelte ich zur nächsten Welle hinaus.

Der Ozean hat kein Gedächtnis für unseren Schmerz.

Mein Vater war Bäcker; er führte seinen eigenen Betrieb und hat das ganze Leben lang hart gearbeitet. Wenn auch nicht besonders groß, war er doch stark; vom Schleppen der schweren Säcke mit Zucker und Mehl hatten sich seine Finger und Hände gestählt. Er war jeden Tag auf den Beinen, knetete unermüdlich einen Teig nach dem anderen und formte auf mehlbestäubten Arbeitsplatten köstliche Pies, Cookies und Gebäckstücke. Dann stand er manchmal stundenlang vor den glühend heißen Backöfen. Aber er liebte seine Arbeit, und in allem, was er sagte und anfasste, schimmerte diese Passion durch. Papa brachte mir und meinen Geschwistern bei, dass der Sonnenschein gratis und für alle da ist, aber dass man sich die Zeit, ihn zu genießen, erst erarbeiten muss. Vielleicht liegt es daran, dass ich schon immer gern draußen gewesen bin.

Als ich sechs war, konnte mein Vater meine Mutter überzeugen, meine große Schwester Kylie, meinen jüngeren Bruder Ashley und mich für drei volle Monate aus der Schule zu nehmen – also ein ganzes Trimester lang! –, um quer durch Australien zu fahren. Er behauptete, die Kinder würden unterwegs ganz bestimmt eine Menge lernen, mehr sogar als aus den Schulbüchern, aber dass wir uns auf diese lange und abenteuerliche Familienexpedition begaben, hatte in Wahrheit nur einen Grund: Er hatte so etwas schon immer mal tun wollen. Damals wirkte es ein bisschen verrückt, vor allem meiner armen Mutter schien es so. Bedenken Sie, dass es mehr als 40 Jahre her ist und Campen nicht annähernd so komfortabel war wie heute! Aber ich glaube, im Innersten haben wir alle verstanden, dass jeder von uns hin und wieder ein Abenteuer braucht, um wahrhaft glücklich zu sein.

Wir verließen Sydney in Richtung Norden und folgten der Ostküste bis hinauf nach Far North Queensland; dann machten wir einen Schwenk nach Westen und kamen nach Darwin, weltweit die Hauptstadt der Salzwasserkrokodile, und schließlich ging es wieder heimwärts durch Australiens legendäres Red Centre, eine weite, ständig ihre Gestalt verändernde Wüste mit seltsamen Geschöpfen und zeitlosen Monumenten.

Ich werde nie vergessen, dass ich auf unserem Allradwagen ganz vorn stehen durfte; während wir an den scheinbar endlosen Stränden von Fraser Island entlangfuhren, lehnte ich mich gegen den stählernen Bullenfänger vor mir. Es war ein so unglaubliches Gefühl, immer tiefer und tiefer in die australische Wildnis vorzustoßen – besonders für ein Kind. Plötzlich schien die Welt so viel größer geworden zu sein.

Wenn wir die Kraft und die Fähigkeit haben, die eigene Sichtweise zu ändern und das Unbekannte zu erfahren, hebt uns das nicht nur von den Hühnern in einer Legebatterie ab. Es ist auch der einfachste Weg, als Mensch zu wachsen.

Um es klar zu sagen: Ich bin mir nicht sicher, ob ich meine drei Jungs vor unseren Wagen schnallen und mit ihnen ins tiefste australische Nirgendwo brausen würde. Und doch hat mich die Freude an der Freiheit und an Entdeckungen nie verlassen. Dieser großartige Familien-Roadtrip hat mir eine lebenslange Vorliebe für Abenteuerreisen eingehaucht. Ich lief noch mit Zöpfen herum, als ich mir das Ziel setzte, durch Afrika zu reisen, einen Kontinent mit uralten Kulturen und ungezähmter Majestät – unserem eigenen nicht unähnlich. Aber dabei wollte ich es nicht bewenden lassen. Ich wollte von der Welt so viel sehen, wie es mir möglich war, und sollte ich eines Tages so glücklich sein, selbst eine Familie zu haben, dann würden meine Kinder hoffentlich in meine Fußstapfen treten und noch viele andere Weltgegenden bereisen.

Eine weitere dauerhafte Gabe, die mein Vater an mich weiterreichte, war seine übergroße Tierliebe. Dank seiner ansteckenden Freude beim Umgang mit Geschöpfen aller Formen und Größen und seines auf haarsträubende Weise eingeschränkten Vermögens, die Folgen für unser Zuhause korrekt einzuschätzen, gab es bei uns einen nie versiegenden Strom von herrenlosen Haustieren und verletzten Wildtieren, um die wir uns kümmern mussten: Wasservögel, Rosakakadus, Kaninchen, Ameisenigel, Kängurus und natürlich Hunde. Es war ein beständiger Kampf, der immerfort wachsenden Menagerie den Zutritt zum Haus zu verwehren. Meine Mutter ertrug es normalerweise prächtig, aber ihre Geduld wurde auf die Probe gestellt, als ein kräftiger Hase Loch um Loch in den Rasen buddelte und Wildenten begannen, in den Pool zu kacken und jedem Kind mit Badeanzug heftige Schnabelhiebe zu verpassen.

Außer meiner treuen Ente Daisy, die sich immer pünktlich zu unseren Picknicks und Teepartys im Garten hinterm Haus einfand, mochte ich von unserer ständig anwachsenden Familie Sally am liebsten – eine Dalmatinerhündin, die wirklich süß war, aber dumm wie Bohnenstroh. Sie war so sanftmütig und liebevoll, dass ich meine Ehrfurcht vor Leuten, die cleverer sind als ich, auf den Prüfstand stellte und sie nicht mehr automatisch beneidete. Auch heute noch würde ich Freundlichkeit jederzeit über Genialität stellen.

Sally wurde an meinem dreizehnten Geburtstag von einem Auto erfasst, als wir den Geburtstagskuchen, dem mein Vater die Form eines Pandas verliehen hatte, gerade aufgegessen hatten. Wenn so etwas ausgerechnet beim Eintritt ins Teenager-Alter passiert, vergisst man es vermutlich nie. Mich hat es sehr mitgenommen – uns alle eigentlich. Glücklicherweise überlebte Sally den Unfall, aber ihre Nerven in der rechten Schulter waren ernsthaft geschädigt, und so lahmte sie fortan auf dem rechten Vorderbein. Beim Gehen oder Rennen schleifte ihr Fuß über den Boden, was zu schrecklichen Abschürfungen und nässenden Wunden führte. Obwohl das Sally nicht weiter zu stören schien, wussten wir doch, dass wir etwas tun mussten, um böse Infektionen zu verhindern. Und so umhüllten wir, nachdem wir die Wunden versorgt hatten, ihre Pfote mit alten Socken und wickelten sie noch mal und noch mal ein, bis sie aussah wie eine kuschelige Grapefruit. So konnte Sally herumspringen, ohne ihre Pfote noch schlimmer zu verletzen. Aber damit war die Behandlung noch nicht zu Ende.

Es war einer der prägenden Momente meiner Kindheit, als ich meiner Mutter dabei zuschaute, wie sie Sally in den Pool hob und dann neben ihr ins Wasser stieg, um ihr Schulter und Vorderbein zu massieren und sanft zu bewegen. Sie widmete sich dieser Aufgabe wieder und wieder, ohne viel Aufhebens davon zu machen oder auch nur darüber zu reden. Sie tat es einfach. Ehrlich gesagt, erinnere ich mich nicht daran, dass es Sallys Bein irgendwas gebracht hätte; sie war und blieb lahm bis zu ihrem letzten Tag. Aber Mama ließ sich davon nicht beirren; was sie motivierte, war nicht das Ergebnis, sondern die Notwendigkeit, und so weigerte sie sich einfach, es mit Sally aufzugeben.

Ich muss wohl nicht extra sagen, dass das unaufdringliche Vorbild meiner Mutter sehr auf mich gewirkt hat. Und heute ist mir klar, dass ich Lebenslust und Abenteuersinn von meinem Vater geerbt habe, stille Kraft und Mitgefühl aber von meiner Mutter.

Das alles erzähle ich Ihnen nicht ohne Grund. Wenn Sie wissen, wie mich meine Eltern inspiriert haben, werden Sie verstehen, weshalb ich als Kind davon träumte, später einmal nicht mehr und nicht weniger als eine »forschungsreisende Krankenschwester« zu werden – so komisch das auch klingen mag. Ich stellte mir vor, wie ich in abgeschiedene Dörfer in weit entfernten Ländern vorstieß, mich dort um die Kranken kümmerte und vergessene Wunderdinge aufspürte. In der ersten Klasse sollten wir alle ein Bild davon zeichnen, was wir nach dem Schulabschluss einmal werden wollten, und ich zeichnete eine tapfere kleine Krankenschwester, die gleich in die uralten ägyptischen Pyramiden eintreten wird.

Am lustigsten an diesem Bild finde ich, wie groß die Spritze ist. Als kleines Mädchen habe ich es nämlich gehasst, Spritzen zu bekommen, und heute mag ich sie kein bisschen mehr – ich mochte es auch nie, welche zu setzen.

Ich mag zwar klein sein, aber ich bin von Natur aus ein entschlossener Mensch, und als ich Cam begegnete und mich in ihn verliebte, hatte ich mich im Stillen längst dafür entschieden, Krankenschwester zu werden. Und ich hatte auch vor, nach Europa zu reisen, nach Asien und – ganz besonders – nach Westafrika.

Wenn zwei Menschen sich verlieben, haben wir im Englischen dafür den schönen Ausdruck *falling in love* – sie fallen in die Liebe. Meine Erfahrung sagt mir aber, dass er dieses Gefühl nicht ganz korrekt beschreibt. »Sich in die Liebe stürzen« scheint es mir besser zu treffen.

Ich schwärmte für Cam, seit ich ihn das erste Mal sah. Er war schüchtern, aber auch auf drollige Weise selbstgewiss, hübsch und zugleich etwas verlottert, lustig, oft richtig albern und absolut spontan – und doch sehr ernsthaft, wenn es um seine beruflichen Ziele ging, und unermüdlich am Arbeiten. Cam war größer als ich, aber das sind ja die meisten Leute, und daher hat es nicht viel zu bedeuten. Er hatte die gebräunte und fein gemeißelte Figur eines Surfers – breite Schultern und unglaubliche Bauchmuskeln –, aber er war ein Künstler, kein Athlet. Fotografieren war sein Job und seine Leidenschaft. Cams hellblaue Augen suchten stets nach Wegen, die ihn umgebende Schönheit einzufangen. Seine Kamera lag immer bereit, um kunstvolle Arrangements, die er in der Natur fand, festzuhalten.

Als Cam und ich uns zum ersten Mal begegneten, war ich im zweiten Jahr meines Krankenschwesternstudiums an der University of Technology in Sydney. An den Wochenenden und in den Semesterferien stand ich oft bei meinen Eltern hinter dem Ladentisch, um mir ein bisschen was dazuzuverdienen. Cam tauchte gewöhnlich am späten Nachmittag in der Bäckerei auf, noch von Meerwasser tropfend, denn nach der Arbeit war er erst mal eine Runde surfen gegangen. Er bestellte dann eine warme Pie oder ein Würstchen im Teigmantel und ein Stück Vanille-Blätterteig-Kuchen. Wir flirteten ein wenig; anfangs war es nur ein schüchternes Lächeln, dann begrüßte ich seinen treuen Hund und warf ihm eine Leckerei hin. Cam hatte einen stämmigen Staffordshire-Terrier mit Dauergrinsen und bodenlosem Magen. Im Laufe einiger Wochen wuchsen sich unsere Techtelmechtel von ungelenken Nettigkeiten zu spielerischem Wortgeplänkel aus und dann zu ausgedehnten Gesprächen über alles und jedes und letzten Endes nichts Wesentliches. Es machte mir solchen Spaß, diesen großartigen Mann kennenzulernen, dass ich dabei völlig die Zeit vergaß und alles, was ich eigentlich tun sollte. Gott allein weiß, wie viele Kunden unsere Bäckerei wegen meiner duseligen Vernarrtheit verloren hat. Und dann, immer wenn ich ihn gerade küssen wollte, machte Cam kehrt und zockelte nach Hause, wobei ihm das gleiche alberne Grinsen im Gesicht stand wie seinem Hund. Er hinterließ eine Spur aus nassem Sand, wenn er aus der Tür ging und die Straße hinunter. In der Bäckerei wurde es ein bisschen dunkler, und mein Herz fand zögerlich zu seiner normalen Größe und Schlagzahl zurück.

Cam war so oft in der Bäckerei, dass ich annahm, er würde täglich zum Abendessen vorbeikommen, aber dann sagte mir mein Vater, dass er sich nur einfand, wenn ich Dienst hatte. Meinem alten Herrn entging nichts. Ich freute mich auf unsere nachmittäglichen Gespräche, und zwar viel mehr, als ich es mir anmerken ließ, und wenn Cam aus irgendeinem Grund einmal nicht auftauchte, war ich am Boden zerstört. Ich wartete weiter darauf, dass er sich mit mir verabreden würde, aber obgleich es offensichtlich war, dass einer den andern anziehend fand, und es zahllose Gelegenheiten gegeben hätte, kam Cam nie ganz bis an den Punkt, um den wir schon eine Weile kreisten. Cam war in Bezug auf seine Herzensabsichten so schüchtern, dass ich mich schon fragte, ob dieser hinreißende Hornochse es uns beiden womöglich vermasseln würde. Schließlich setzte ich alles auf eine Karte und sagte ihm geradeheraus, er möge mich doch zu einer Party mitnehmen, die in den Newport Arms steigen sollte, einem Biergarten weiter hinten in unserer Straße. Nun ja, Gott sei Dank habe ich das getan.

Seitdem habe ich keinen einzigen Tag aufgehört, Cam zu lieben. Wir hatten in unserer Beziehung eine Million Höhen und ein paar spektakuläre Tiefen, aber wir haben auch drei hübsche Söhne und gemeinsam so viele Abenteuer erlebt, dass wir sie nicht mehr zählen können. Ich könnte mir gar nicht vorstellen, dass Cam nicht mehr im Mittelpunkt meiner kleinen Welt steht, und ich weiß, dass ich ohne seine Liebe und Unterstützung den Unfall nicht überlebt hätte. Er ist die Liebe meines Lebens und gleichzeitig mein größter Held.

Muss ich wirklich noch dazusagen, dass ich mich seit meiner ersten Verabredung mit Cam nie mehr bei meinen Eltern darüber beklagte, während der Semesterferien in der Familienbäckerei arbeiten zu müssen?

Meine Zuversicht, dass Cam der Richtige für mich war, hatte unter anderem diesen Grund: Er stimmte meinem Wunsch, Menschen in Not zu helfen und so viele Länder wie möglich zu erkunden, voll und ganz zu. Nach meinem Uniabschluss kauften wir zwei überdimensionale Rucksäcke und zwei Flugtickets nach Rom und zurück, und schon waren wir unterwegs, Hand in Hand.

Die »ewige Stadt« hatte alles, was ich mir vorgestellt hatte, und noch so viel mehr. Wir aßen, lachten, erkundeten jede kopfsteingepflasterte Gasse, erforschten jedes historische Monument und setzten uns dann erneut an den Tisch. Es waren gewissermaßen unsere vorgezogenen Flitterwochen. Als wir keine hausgemachte Pasta mehr essen konnten, ohne zu riskieren, dass uns irgendwo ein lebenswichtiges Organ platzte, verließen wir Italien in Richtung Griechenland und reisten dann weiter ostwärts in die Türkei. Meinen 22. Geburtstag feierten wir in Trabzon am Schwarzen Meer.

Wir bekamen auch unsere Portion Pech und Beinahe-Katastrophen ab. Im Osten der Türkei waren wir in Doğubeyazıt unweit vom Berg Ararat in einen Zug gestiegen. Plötzlich umstellten uns sieben einheimische Gangster, und das größte Mitglied der Bande zückte ein Messer und schwenkte es vor unserer Nase herum. Cam und ich waren sicher, dass man uns gleich ausrauben würde oder Schlimmeres. Aber da schob sich ein junger kurdischer Aprikosenbauer nach vorn, um die anderen in die Schranken zu weisen, und zog sein eigenes Messer hervor. Er war noch keine 20 Jahre alt, aber erstaunlicherweise ließen die verhinderten Bahnräuber von uns ab. Der Aprikosenbauer schlug uns vor, uns zu ihm zu setzen, auf Säcke voll getrockneter Aprikosen; unter seinem Schutz wären wir sicherer. Einen der prallen Säcke schlitzte er mit dem kleinen, aber heldenhaften Messer von vorhin sogar ein wenig auf und teilte die süßen Früchte mit uns.

Im südlichen Jordanien wollten wir in Wadi Rum zelten, einer purpurfarbenen Wüstenschlucht, die auch unter dem Namen »Tal des Mondes« bekannt ist und durch den Film *Lawrence von Arabien* berühmt wurde. Gerade hatten wir unser kleines Zelt aufgestellt, als ein beduinischer Ziegenhirte herüberkam, um nach uns zu schauen. Rasch und völlig zutreffend stellte er fest, dass wir auf unseren Aufenthalt schlecht vorbereitet waren, und so brachte er uns Proviant, Wasser und Brennholz, wobei er sich höflich, aber unnachgiebig weigerte, dafür Geld anzunehmen. Dann verriet er uns, dass sich sein Lager zwei Kilometer weiter im selben Tal befand; falls wir noch irgendwelche Hilfe benötigten, könnten wir ihn und seine Familie jederzeit ansprechen.

Wo auch immer wir hinkamen – wir trafen wunderbare Menschen, bei denen wir uns heimisch fühlten, selbst noch in den entlegensten Dörfern. Ich will nicht behaupten, dass Reisen immer sicher wäre; das ist es nicht. Selbsterkenntnis und gesunder Menschenverstand sind ebenso unverzichtbar wie Visa oder Impfungen. Aber unzählige positive Begegnungen haben mich zu der felsenfesten Überzeugung gebracht, dass so gut wie jeder Mensch, auf den wir treffen, nach einer Gelegenheit zum Freundlichsein sucht. Seit meinem Unfall bin ich wiederholt darin bestärkt worden.

Die Welt ist ganz einfach nicht so schlecht, wie manche es uns glauben machen wollen. Egal, was Sie auf dem Bildschirm sehen oder in der Zeitung lesen, ich kann Ihnen versichern, dass die Menschen im Großen und Ganzen gut sind, wohin Sie auch reisen mögen. Die Menschen, auf die wir trafen, waren auf die einfachste und ehrlichste Weise gut; sie wollten das, was das Beste an ihnen war, mit uns teilen, sodass ihre Lebensreise und die unsere durch diese Begegnung um eine Winzigkeit besser wurden.

Oft stellten wir fest, dass gerade die Menschen, die am wenigsten besaßen, am großzügigsten waren. Und wer selbst die größten Widrigkeiten durchlebt hatte, sorgte sich häufig am meisten um unsere Sicherheit und Behaglichkeit. Gewiss liebte ich die Bilderbuchansichten, die berauschenden Düfte und Aromen und die mir unbekannten Melodien des Vogelgesangs, der mich am Morgen weckte – aber in Erinnerung blieben mir vor allem die Menschen, denen wir unterwegs begegneten.

Nunmehr hatte unsere Reiselust völlig die Oberhand gewonnen, und so kehrten wir nicht nach Europa zurück, sondern beschlossen, noch weiter nach Süden zu fahren und den Nahen Osten zu erkunden. Unsere gemeinsamen Ersparnisse reichten nicht für irgendwelchen Luxus. Aber wir waren immer bereit, auf Bequemlichkeit zu verzichten, um dafür außerordentliche Gegenden sehen zu können, besonders solche, die abseits der ausgetretenen Pfade lagen. Ein Festmahl schmeckt von Papptellern genauso gut wie von feinem Porzellan, und ein Trinkspruch kommt auch von Herzen, wenn man einen Plastikbecher mit billigem Wein erhebt.

Wir erklommen schroffe Berge und durchquerten Wüsten auf Pferden und Kamelen, zu Fuß und in altersschwachen Vehikeln, die wohl nur noch von Klebeband und Gebeten zusammengehalten wurden. Wir spazierten durch uralte syrische Städte wie Aleppo, Palmyra und Damaskus, die heute in Trümmern liegen und in denen das Chaos herrscht. Auf dem Rückweg von Petra, der sagenhaften jordanischen Stadt aus roten Steinen, gerieten wir in Wadi Musa sogar mitten in eine Beduinenhochzeit. Keiner von uns sprach ein Wort Arabisch, aber unsere überschwänglichen Gastgeber begrüßten uns warmherzig, als wären zwei verstaubte und staunende Australier genau die Ehrengäste, auf die sie die ganze Zeit gewartet hatten. Ich wurde eilends in eine Schar aus schnatternden, kichernden oder wehklagenden Frauen geführt, und Cam musste sich zum rauen und lärmenden Mannsvolk gesellen. Wir beide hatten Spaß an den wilden Tänzen und Gesängen und gewöhnten uns sogar halbwegs an das Knallen der Pistolenschüsse, die aus Übermut in den wolkenlosen Wüstenhimmel abgegeben wurden. Aber als das Hochzeitsmahl aufgetragen wurde, schien es uns beiden, dass das köstliche Mansaf, papierdünnes Fladenbrot, Datteln und gewürzter Tee mehr als ausreichend waren, und so verzichteten wir auf das gekochte Kamelfleisch, das sich auf den Platten häufte und penetrant roch.

Wir kühlten unsere wundgetanzten Füße, indem wir uns im Toten Meer treiben ließen, und besprachen dabei unsere spontan beschlossene Pilgerreise ins Heilige Land. Aber als man uns wegen eines frisch ausgerufenen Sicherheitsalarms die Einreise nach Israel verwehrte, reisten wir stattdessen westwärts weiter, nach Afrika hinein, und zwar über Ägypten. Jetzt konnte ich die Pyramiden, die ich als kleines Mädchen gezeichnet hatte, endlich mit eigenen Augen sehen.

Mein Kindheitstraum hatte sich erfüllt.

Dass wir solche Abenteuerreisen liebten, ist noch vorsichtig ausgedrückt – wir fühlten beide, dass wir dafür geboren waren. In unseren ersten gemeinsamen Jahren hatten wir schon die halbe Welt bereist, und für die andere Hälfte schmiedeten wir Pläne. Aber allmählich machte sich auch die harte Lebenswirklichkeit bemerkbar. Uns beiden ging das Geld aus, und bei Cam stapelten sich bereits die Fotoaufträge, die er nach seiner Rückkehr abarbeiten musste. Ich liebte Cam von ganzem Herzen, wusste aber auch, dass ich noch nicht bereit für die Heimkehr war. Ich musste noch mehr sehen. Ich musste noch weiter in die Welt hinaus, auch wenn das bedeutete, dass ich niemanden an meiner Seite hatte. Und wenn Cam für mich das fühlte, was ich für ihn empfand, dann würde er auf mich warten. Wir führten deswegen keine Debatten und stritten uns nicht, aber für unsere Beziehung war es der erste wirkliche Test.

Eine der schönsten Erinnerungen an meine Zeit bei Lord Denning ist das Weihnachtsfest, das ich mit ihm und seiner Familie bei Lady Fox verbringen durfte, seiner Stieftochter, die ihm sehr zugetan war. Lady Fox war selbst eine angesehene Rechtswissenschaftlerin. Sie war unglaublich nett, die Gäste bildeten eine angenehme Runde, und das Essen war einfach köstlich (gebratener Truthahn mit Backpflaumen in der Füllung – o mein Gott!). Und dann begann es zu schneien, und ich war vollkommen verzaubert. Die englische Landschaft hüllte sich in glitzerndes Weiß und sah aus wie eine Szene aus einem Märchenspiel oder eine Weihnachtskarte aus dem 19. Jahrhundert. So heiter, reizend und perfekt, dass man sie kaum für wahr halten konnte. Diese Schönheit war von völlig anderer Art als alles, was ich in Australien, dem Nahen Osten und Afrika gesehen hatte. Ich war überglücklich, den Winter in diesem Zauberland verbringen zu dürfen.

Lord Denning interessierte sich sehr für mein Vorhaben, nach Afrika zurückzukehren, und stellte mir bei unzähligen Mittagessen Fragen zu meinen Soloreiseplänen, wobei er sich Sorgen um mich machte und mich gleichermaßen beglückwünschte. Als ich ihm eines Tages sagen musste, dass ich einen One-Way-Flug nach Senegal gebucht hatte und nun weiterziehen würde, umarmte er mich herzlich und schenkte mir ein signiertes Exemplar seiner Familiengeschichte. Dazu schrieb er mir einen sehr berührenden Brief, den ich bis heute in Ehren halte. Meine Zeit in The Lawn war eine ungetrübte Freude; es war mir eine Ehre, für Lord Denning sorgen zu dürfen, und als ich einige Jahre später hörte, dass er verstorben war, nur gut einen Monat nach seinem hundertsten Geburtstag, machte mich die Nachricht sehr traurig.

Auf Lord Dennings große Lebensleistung und seinen hohen Rang hatte man mich bereits hingewiesen, ehe ich ihm begegnete. Aber wenn ich ihm einen guten Morgen wünschte, erblickte ich einfach nur einen Menschen, der unbedingt meine Hilfe brauchte. Lord Denning hatte auf seiner Lebensbahn einen Punkt erreicht, an dem das Nachdenken über Verlorenes ihn weit mehr beschäftigte als der Gedanke an das, worauf er sich noch freuen durfte. Oft genug war er trotzdem leichtherzig und heiter, und Vorwürfe hätte ich ihm ohnehin nicht gemacht. Ich habe erfahren, dass jeder von uns sein eigenes Maß für Schmerz und Verlust hat. Und wenn wir so viel gelitten haben, wie wir ertragen können, ist es manchmal eine unbezwingbare Herausforderung, einen neuen Tag in Angriff zu nehmen, und erst recht, neue Chancen zu ergreifen.

Erst kürzlich habe ich begriffen, dass mich Lord Denning etwas noch Größeres gelehrt hat: Irgendwann im Leben braucht jeder von uns Hilfe, egal, wie brillant, stark, reich, berühmt oder mächtig er auch sein mag. Und wenn die Hilfe naht und wir sie dankbar annehmen können, macht das unser Leben um so vieles besser. Lord Dennings Bescheidenheit und seine Dankbarkeit für die ihm gewährte Hilfe sind für mich vorbildhaft, und ich strebe ständig danach, es ihm gleichzutun.

Meine Rückkehr nach Afrika war bittersüß. Ich war begeistert, ein Abenteuer zu erleben, von dem ich schon immer geträumt hatte, und es übertraf mühelos all meine Kindheitsfantasien, aber gleichzeitig vermisste ich Cam. Ich sollte noch mehrere unglaubliche Reisen auf eigene Faust unternehmen, Reisen, die mein Leben veränderten – etwa eine Durchquerung des afrikanischen Kontinents von West nach Ost oder eine Treckingtour vom Tigernest-Kloster in Bhutan bis an den Fuß der schneebedeckten Gipfel, die über die Grenzregionen wachen. Jede Tour machte mein Leben reicher, und doch hatte meine erste Einzelreise durch Afrika – damals war ich 22 – eine besonders nachdrückliche Wirkung auf mich. Sie verfolgt und inspiriert mich bis heute, aber darauf möchte ich aus Gründen, die Ihnen einleuchten werden, ein wenig später zurückkommen.

Mein Wiedersehen mit Cam war unvergleichlich. Wir suchten uns in Sydney zusammen eine Wohnung, und ich begann in der neurochirurgischen Abteilung des Royal-Prince-Alfred-Krankenhauses im Vorort Camperdown zu arbeiten. Es dauerte aber nicht lange, bis wir wieder für Flugtickets sparten. Bis dahin war ich schon kreuz und quer durch Westafrika und auch darüber hinaus gereist; ich hatte mich um Mitglieder von vornehmen und wohlhabenden Familien gekümmert, aber auch um die am meisten benachteiligten Menschen. Trotzdem gab es noch so viel zu sehen und zu tun, und ich wollte all dies erleben. So selbstständig und unabhängig ich auch war, musste ich doch zugeben, dass das Leben mir lebendiger, aufregender und lustiger vorkam, wenn Cam an meiner Seite war. Irgendwie schmeckte dann alles besser.

Das Horn von Afrika war für uns in vielerlei Hinsicht ein Höhepunkt. Wir suchten in den Simien-Bergen nach den scheuen roten Wölfen von Äthiopien und kamen zu den Timkat-Feiern nach Lalibela. Dort folgten wir dem Tabot, einer geweihten Nachbildung der Bundeslade, von einem rituellen Taufplatz bis zu seiner geheiligten Ruhestätte. Im Anschluss wurde in einer süßen und würzigen Wolke aus exotischem Räucherwerk getafelt und getanzt.

Die Überfrachtung der Sinne setzte sich fort, wohin wir auch kamen. Am Ufer des Turkana-Sees begegneten wir einem einheimischen Fischer, der am Straßenrand kochte und uns fröhlich zwei riesige weiße Nilbarschfilets grillte, deren Geschmack bis heute unerreicht ist. In Addis Abeba aßen wir mit den Fingern ein köstliches Wot aus Fleisch und Gemüse und dazu knuspriges Injera-Brot aus fein gemahlenen Grassamen. Und noch heute denken wir jedes Mal, wenn wir einen richtig guten Kaffee trinken, an die wunderbaren Aromen bei der Kaffeezeremonie, der wir beiwohnen durften. Dabei bekommt jeder Gast drei kleine, an Schälchen erinnernde Becher mit heißem, dunklem Göttertrank. Vom mildesten ersten bis zum intensivsten dritten hat jeder dieser Becher einen eigenen Namen. Der dritte, abschließende Becher wird »Baraka« genannt. Das könnte man vereinfacht, wenn auch nicht wörtlich, mit »Segen« übersetzen, aber genau genommen verkörpert es die schönen Glaubensvorstellungen der islamischen Mystiker. Danach steht *baraka* für den göttlichen Segen, der in Form der spirituellen Gegenwart des Höchsten um uns ist, in uns eingeht und uns durchfährt.

Nicht lange danach stellte ich fest, dass ich schwanger war, und das war der größte Segen, den ich mir überhaupt vorstellen konnte.

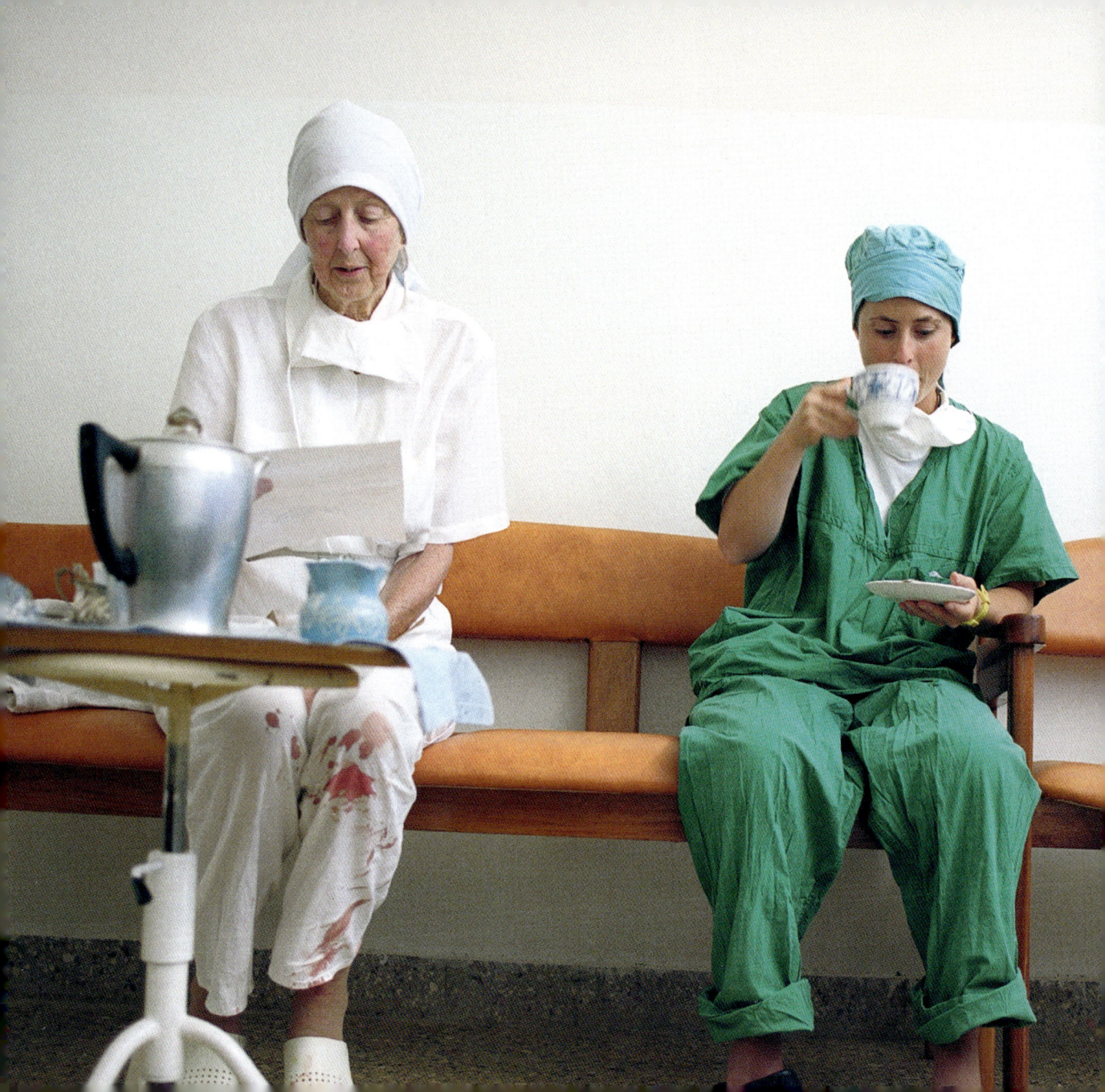

Ehe wir nach Hause flogen, hatten wir die Ehre, einer meiner persönlichen Heldinnen zu begegnen, Dr. Catherine Hamlin. Wir trafen sie im Krankenhaus für die Behandlung von Geburtsfisteln, das sie gemeinsam mit ihrem verstorbenen Mann, Dr. Reginald Hamlin, in der äthiopischen Hauptstadt gegründet hatte. Seit 60 Jahren gewährte Dr. Hamlin Frauen, die an solchen Fisteln litten, kostenlose chirurgische Hilfe. Es waren sehr junge Frauen, oft fast noch Mädchen. Bei ihnen hatte ein gestörter Geburtsverlauf mit zwei, drei oder gar fünf Tagen äußerst schmerzhafter Wehen schließlich zu einem Riss im Geburtskanal geführt und fast immer auch zum Tod des Babys. Der Hauptgrund für solche Tragödien liegt darin, dass Mädchen immer noch in arrangierte Ehen gezwungen werden, von denen viele auf eine besonders schändliche Form von Sexsklaverei hinauslaufen. Manche von diesen Mädchen sind erst acht oder neun Jahre alt und werden schwanger, bevor ihre winzigen Körper auch nur annähernd dazu imstande sind, ein Kind auszutragen. Zehntausende dieser Kinder und Jugendlichen sterben bei der Entbindung. Und die es überleben, wünschen sich später oft, auch sie wären gestorben.

Der klaffende Riss zwischen Geburtskanal, Harntrakt und Mastdarm führt oft zu scheußlichen Komplikationen, schweren Infektionen, fortwährenden Schmerzen, totaler Inkontinenz und ständigem Austreten von übelriechendem Urin und Kot. In einigen besonders schrecklichen Fällen üben die lang anhaltenden Wehen einen solchen Druck auf das Becken des Mädchens aus, dass es zu Langzeitschädigungen der Nerven kommt. Manche Frauen sind dann physisch nicht mehr in der Lage, sich aufzurichten oder zu gehen, und müssen am Boden entlangkriechen wie ein Tier.

Unfähig, ein normales Leben zu führen, zerrüttet von Scham und Beschwerden, werden diese Mädchen durch ihre lädierten Körper gedemütigt und noch dazu von ihren Gemeinschaften ausgegrenzt. Ihre Ehemänner verspüren oft Ekel vor ihnen, und sie werden von der eigenen Familie im Stich gelassen und aus dem Haus vertrieben. Viele müssen dann allein leben, in Schmutz und Elend, weit weg von allem, was sie kennen und lieben. Die Weltgesundheitsorganisation schätzt, dass gegenwärtig allein in Asien und im subsaharischen Afrika mehr als zwei Millionen junge Frauen mit unbehandelten Geburtsfisteln leben und dass jedes Jahr 100 000 Hilfsbedürftige hinzukommen.

Catherine sprach mit leiser Stimme und war demütig wie eine Heilige, aber wir spürten ganz deutlich, wie sehr sie Äthiopien und seine Menschen liebte und mit welcher Leidenschaft sie den armen Mädchen half, die zu ihr kamen. Catherines bescheidenes Wohnhaus lag auf dem Hospitalgelände und war umgeben von einem schönen heiteren Garten mit karminroten Rosen und gelben, rosa und purpurnen Bougainvilleen, von denen sie Blütenzweige abschnitt und in dem Häuschen, das sie mit Chips, ihrem schwarzen Labrador, teilte, in einer weißen Vase auf den Esstisch stellte.

Catherine erzählte uns von den unzähligen verlassenen Frauen, die oft wochen-, monate- oder gar jahrelang an Bushaltestellen bettelten, um die nötige Summe für eine Fahrt nach Addis Abeba zusammenzubekommen. Sie wollten aus ihren Kleinstädten und entlegenen Dörfern in die Hauptstadt reisen, um sich dort behandeln zu lassen. Es waren Fahrten der Verzweiflung und des Überlebenswillens. Als Catherine uns von einer Frau berichtete, die sieben Jahre lang hatte betteln müssen, um die dringend benötigte Hilfe zu bekommen, konnten wir die Tränen nicht zurückhalten.

Ich traf einige der jungen Frauen, die endlich ins Krankenhaus gelangt waren, nachdem sie schreckliche Not durchlebt hatten. Sie waren erschöpft, erleichtert, verbittert, ängstlich, erwartungsvoll oder auch ohne große Hoffnungen. Manche lächelten, andere weinten, aber die meisten verbargen ihre Emotionen; sie hatten so lange so vieles erduldet, und es musste ihnen unglaubhaft vorgekommen sein, dass ihr Leiden jemals enden könnte. Selbst nach der Aufnahme saßen manche Patientinnen lieber draußen vor dem Krankenhaus, am Rande einer großen Abwasserrinne, und wollten dort gar nicht wieder fortgehen, weil sie Angst hatten, jemanden mit ihrer Inkontinenz abzustoßen.

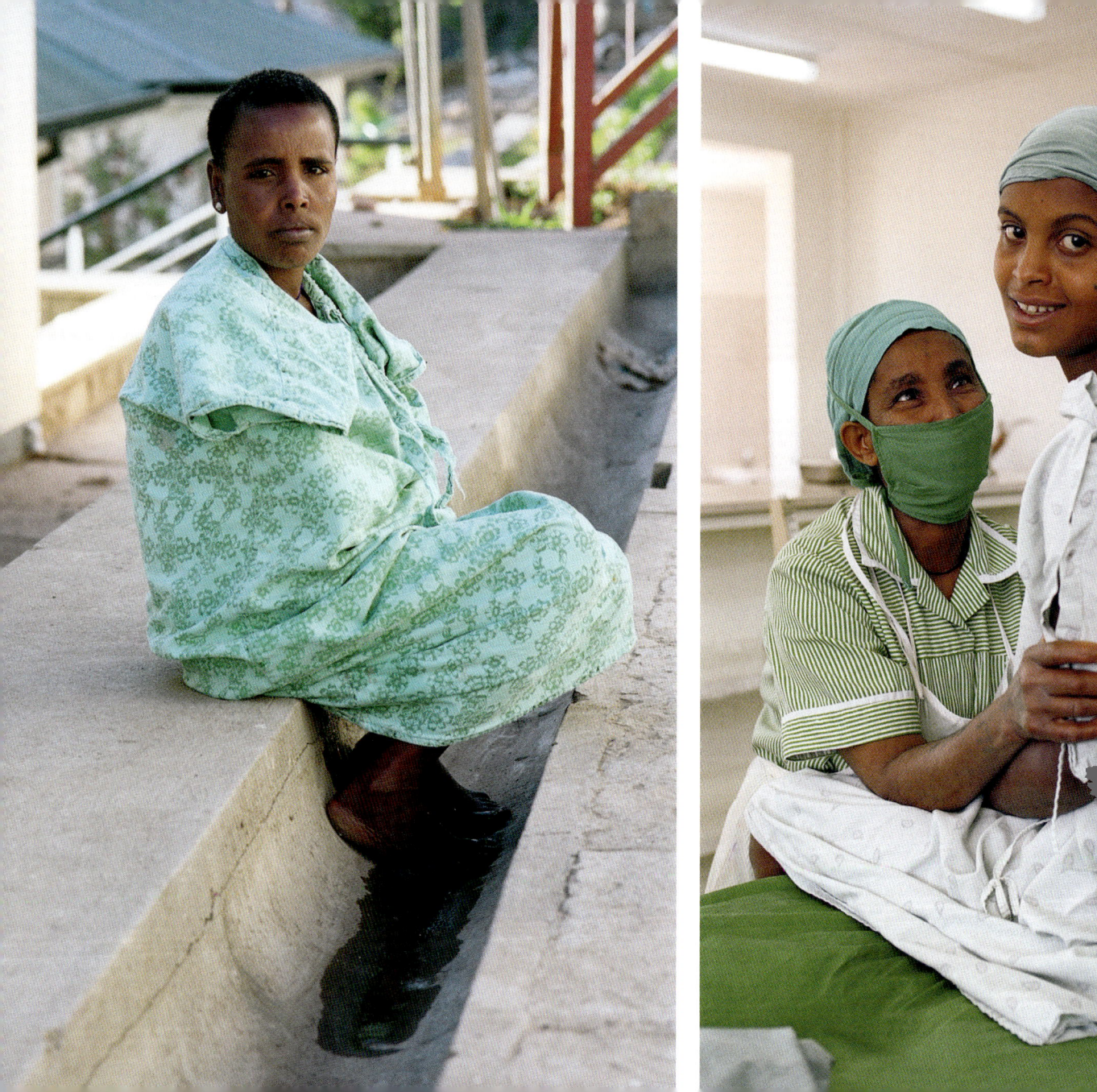

Ich begegnete auch jungen Frauen, die Catherine erfolgreich operiert hatte. Sie waren innerlich und äußerlich wie verwandelt. Wenn eine Patientin genesen war, erhielt sie ein neues Kleid, das sie daheim tragen konnte, und man brauchte nur die pure Freude, die all diese Frauen ausstrahlten, zu sehen, um zu wissen, dass ihre Gesundheit, ihre Würde und ihre Selbstachtung wiederhergestellt waren.

Wenngleich die meisten Patientinnen das Krankenhaus allein betraten und wieder verließen, gab es auch eine kleine Zahl von freundlichen und hingebungsvollen Männern, die über die ganze Behandlung hinweg bei ihren Ehefrauen blieben. Während unseres Besuchs trafen wir nur zwei an, aber diese Paare wurden um die Liebe und das Glücksgefühl, die sie miteinander teilten, von allen beneidet.

Leider kam eine chirurgische Wiederherstellung nicht bei jeder Frau in Frage. Einige hatten furchtbare Schädigungen erlitten, die nicht völlig rückgängig gemacht werden konnten. Das mit ansehen zu müssen, brach mir das Herz. Aber das Wunderbare war, dass Catherine alles tat, um auch sie wieder ganz zu machen. Außer dass sie ihnen Inkontinenzeinlagen und weitere medizinische Hilfe anbot, verschaffte sie ihnen auch eine Unterkunft, eine Ausbildung und einen Arbeitsplatz in ihrem Krankenhaus.

Eine ehemalige Patientin werde ich nie vergessen. Die junge Frau namens Mamitu war mit gerade erst 16 Jahren ins Hospital gekommen. Ihre inneren Verletzungen waren so heftig, dass es keine Hoffnung auf vollständige operative Wiederherstellung gab. Alles, was sie vor sich hatte, war ein Leben, in dem sie mit ihrer Inkontinenz irgendwie zurechtkommen musste. Aber Mamitu weigerte sich, immer nur auf ihre eigenen Nöte zu starren. Stattdessen wollte sie das Leben anderer Menschen zum Besseren verändern. Catherine erzählte mir, dass Mamitu eine gute Beobachterin war und schon bald innerhalb des Krankenhauses eine ständig wachsende Verantwortung übernommen hatte. Am Anfang hatte sie Zimmer gereinigt und die Betten gemacht, aber später bereitete sie die Gerätschaften und die Patientinnen für die Eingriffe vor, und nachdem sie Englisch gelernt hatte, wurde sie in medizinischen Dingen eine Dolmetscherin von unschätzbarem Wert. Angeleitet von den Oberschwestern und von Catherines verstorbenem Ehemann, begann Mamitu als OP-Schwester zu assistieren, und nach zahllosen Stunden praktischer OP-Erfahrung wurde sie, ohne dass sie eine formale Ausbildung durchlaufen hatte, selbst zu einer begabten Chirurgin. Ihre Leidenschaft, anderen zu helfen, hatte ein unglaubliches Talent in ihr geweckt, das vielleicht ihr ganzes Leben lang unbemerkt geblieben wäre, wenn sie ihr Dorf nicht verlassen hätte. Als ich Mamitu begegnete, hatte sie bereits mehr als tausend erfolgreiche Geburtsfisteloperationen ausgeführt.

Catherine, Reg, Mamitu und ihr Team verkörperten alles, was mir vorgeschwebt war, als ich zum ersten Mal beschloss, Krankenschwester zu werden.

Über Familienplanung hatten Cam und ich nicht viel nachgedacht. Die Wahrheit ist, dass wir beim Campen in Kenia der Romantik eines Mondscheinabends erlegen waren und ich etwa neun Monate später eilends auf die Entbindungsstation des Royal Hospital for Women in Randwick gefahren wurde. Ich verspürte Furcht und zugleich freudige Erregung. Ich hatte keine Ahnung von dem, was auf mich zukommen würde, und das war vermutlich auch besser so.

Nach fast 24-stündigen Wehen und einer gefühlt endlosen Zeit im Kreißsaal begann mein Plan einer natürlichen Geburt ins Wanken zu geraten, und schließlich löste er sich vollends in Wohlgefallen auf. Mein ungeborener Sohn war ernsthaften Gefahren ausgesetzt, und als klar wurde, dass sein Leben auf dem Spiel stand, beschloss man einen Notfallkaiserschnitt. In diesem surrealen und risikoreichen medizinischen Drama hatte die Spinal-Epidural-Anästhesie nicht genug Zeit, um voll zu wirken, und als das blanke Skalpell des Chirurgen in meinen Bauch schnitt, war mir, als sollte ich bei lebendigem Leibe aufgegessen werden, und unwillkürlich rannen mir Tränen übers Gesicht. Irgendwie konnte ich dem Anästhesisten begreiflich machen, dass ich schreckliche Schmerzen hatte, und er schraubte die Dosierung des Narkosemittels hoch, bis ich meine Arme und Beine nicht mehr bewegen konnte, was auf andere Weise extrem verstörend war. Ich wusste, dass ich einen Schock hatte, und doch wollte ich sehen, wie mein Kind seinen ersten Atemzug tat, und mich vergewissern, dass mit ihm alles in Ordnung war. Und so versuchte ich, mit allem, was mir noch blieb, durchzuhalten, bis ich sein winziges, miesepetriges Gesicht sah. Es war die Anstrengung absolut wert.

Ich hatte nicht geahnt, dass ich es so lieben würde, Mutter zu sein. Damit will ich keineswegs sagen, ich wäre die großartigste Mutter der Welt gewesen, aber ganz sicher brachte es etwas Starkes und Schönes in mir zum Vorschein. Ich glaubte nicht, dass die nächste Geburt noch schlimmer sein könnte, und zum Glück hatte ich recht. So hatten wir am Ende drei wundervolle kleine Jungs: Rueben, Noah und Oliver.

Seit ich zum ersten Mal in ihre Augen schaute, wollte ich alles mir Mögliche tun, um meinen Kindern ein Vorbild zu sein. Wie mein Vater es mich gelehrt hatte, drängte ich sie schon in ganz frühem Alter dazu, viel nach draußen zu gehen und den Sonnenschein zu genießen. Aber glücklicherweise brauchten sie dazu nicht erst viel Aufmunterung. Zunächst schauten sie zu, wie ihre Mama Fußball spielte, Inlineskates fuhr und surfte, aber nach einiger Zeit machten sie mit. Und bald unternahmen wir alles gemeinsam. Unsere Garage war immer voll schlammverschmierter Sportsachen und beherbergte eine ständig wachsende Kollektion von Surfbrettern. Wenn ich mit meinen drei Söhnen spielte und sie zum Lachen brachte, fühlte ich mich so leicht und glücklich, wie es einem Menschen nur möglich ist.

Drei Monate nach der Beerdigung meines Vaters, auf die ich noch zurückkommen werde, entschieden Cam und ich, dass unsere drei Jungs, inzwischen zehn, neun und sieben Jahre alt, endlich groß genug für Auslandsreisen waren. Wir beide wollten eigentlich dort weitermachen, wo wir bei unserer letzten Fernreise aufgehört hatten – in Botswana und Kenia –, aber die Welt hatte sich seitdem sehr verändert. Zum ersten Mal in unserem Leben wählten wir die sicherste und nächstgelegene Option und verließen Sydney in Richtung Thailand.

Gleich als wir in Phuket ankamen, wurde uns klar, dass wir dort nicht lange bleiben würden; es war zu grell, zu laut, zu geschäftig und allzu touristisch. Also machten wir das, was wir am besten konnten – wir gingen auf die Suche nach dem echten Thailand. Am nächsten Tag zwängten wir uns in einen Minivan, um ans Südchinesische Meer und dann weiter die Küste entlang Richtung Norden zu fahren. Wir fuhren einfach immer weiter, tiefer und tiefer ins ländliche Thailand hinein, bis wir in einem winzigen Dorf an einem menschenleeren Strand ein kleines Hotel ohne allen Schnickschnack fanden. Mein Herz sagte Ja.

Am ersten Morgen stand keine Wolke am Himmel. Cam und ich folgten unseren aufgedrehten Söhnen an den Strand, wo wir aus Treibholz und Kokospalmwedeln ein Spielhaus bauten. Dann schwammen wir in den glitzernden Wellen. Ich konnte mir nichts Schöneres wünschen, als mit meiner Familie in diesem authentischen Stückchen Paradies herumzutollen. »Schön« ist nicht einmal annähernd das passende Wort für das, was ich dort sah und fühlte. Die Jungs lernten bereits erste Wörter und Sätze auf Thai, und im Stillen wusste ich, dass meine Kinder Reisen und Entdeckungsfahrten einmal genauso lieben würden, wie mein Mann und ich es vor ihrer Geburt getan hatten. Ich war so stolz auf sie und so gespannt, was sie erleben würden. Wir besprachen unsere Pläne für den Nachmittag, während wir Saft aus frisch gepressten tropischen Früchten tranken. Ich hatte nicht die leiseste Ahnung, dass es das Letzte war, das ich je schmecken würde. Auch nicht, dass ich gerade meinen letzten perfekten Augenblick erlebte.

Hätte ich doch nur die Zeit anhalten können.

In diesem Moment war mein Leben perfekt. Ich war Krankenschwester geworden, Ehefrau und Mutter. Ich war meiner Leidenschaft gefolgt und hatte wahre Liebe gefunden, ohne meine Unabhängigkeit einzubüßen.

Ich war die Person, die ich immer hatte sein wollen.

Die Person, die ich noch immer gern wäre.

Es ist ein Segen, dass ich keine Erinnerungen an meinen Unfall habe, aber das hier sind die wichtigsten Fakten:

Nach unserem Vormittag am Strand stiegen wir alle eine Wendeltreppe hoch, die auf die zweigeschossige Aussichtsplattform des Hotels führte. Wir wollten einen Blick auf die Umgebung werfen und besser verstehen, wo wir eigentlich waren.

Vielleicht hielt ich Ausschau nach den vielversprechendsten Wellen oder betrachtete die uns umgebende ländliche Gegend; vielleicht wollte ich auch einfach einen besseren Blick auf die massigen Wasserbüffel haben, die ganz in der Nähe grasten. Ich werde es nie wissen. Jedenfalls lehnte ich mich irgendwann gegen das Schutzgeländer, und es erfüllte nicht jenen einzigen Zweck, für den man es gebaut hatte.

Mein Mann und meine drei Söhne haben das, was folgte, jeder ein wenig anders im Gedächtnis – wie ich hörte, speichert jeder Augenzeuge traumatische Erinnerungen unterschiedlich ab –, aber das ist nicht weiter wichtig, denn am Ende steht immer das gleiche Ergebnis. Das Stahlgeländer brach aus dem Beton und Holz des Terrassenbodens, und ich stürzte mit ihm in die Tiefe – sechs Meter senkrecht nach unten, mit dem Kopf zuerst auf die blauen Betonfliesen. Dort blieb ich liegen, zerbrochen und regungslos, in einer Pfütze aus meinem eigenen Blut.

Offenbar habe ich aufgeschrien, als die Sanitäter versuchten, mir das Leben zu retten. Im Krankenwagen soll ich unverständliche Worte geschluchzt haben, während mein zutiefst schockierter Mann an meiner Seite kauerte.

Rueben, Noah und Oli, bleich vor Entsetzen, quetschten sich zu dritt auf den Beifahrersitz. Starr umklammerten sie die in Plastikfolie gehüllten Tomaten-Käse-Sandwichs, die ihnen der bestürzte Hoteldirektor aufgedrängt hatte. Durch ein kleines Glasfenster schauten sie nach hinten zu ihrem Vater und warteten auf ein paar Worte, die ihnen Mut machen konnten. Aber es kamen keine, und so starrten sie auf ihre nackten Füße, die rote Flecken vom Blut ihrer Mutter hatten.

Die Notaufnahme des nächstgelegenen Krankenhauses konnte uns nicht helfen, meine Verletzungen waren zu schwer, und so scherte der Rettungswagen wieder in den chaotischen, zähfließenden Verkehr ein. Erst flehte, dann schrie Cam den Fahrer an, die Sirene einzuschalten. Das elektrische Geheul brandete auf, und wir brausten los, rasten mit bis zu 160 km/h über die Straßen. Niemand war angeschnallt.

Vier qualvolle Stunden später erreichten wir die Notfalleinfahrt eines anderen Krankenhauses, und man trug mich auf die Intensivstation. Es sah nicht gut aus.

Nachdem sie mich ins Krankenhaus aufgenommen und mit der Behandlung begonnen hatten, rannte Cam zwischen der Intensivstation und der Eingangshalle, in der unsere Jungs warten sollten, hin und her. Um der Kinder willen versuchte er, sich zusammenzureißen, auch wenn er glaubte, ich könnte jeden Moment sterben. Er umarmte unsere Söhne und wischte Oli das Erbrochene aus den Mundwinkeln, bevor er schließlich einen ruhigen Flur fand, in dem er unbemerkt weinen konnte. Dann telefonierte er mit unserer Familie in Australien, um zu beraten, wie sie die Sorge um die Kinder im Falle meines Todes organisieren könnten.

Aber meine Zeit war noch nicht gekommen.

Ich erinnere mich, dass ich unter einem grellen Licht lag. Dann wurde mir eine Infusionsleitung in die linke innere Drosselvene eingeführt. Der stechende Schmerz im Hals war durchdringend, und ich griff nach einem weißen Baumwolltuch und presste es in der Faust zusammen. Eine blau behandschuhte Hand zog mein blutgetränktes T-Shirt bis in mein Gesichtsfeld hoch, und eine andere schnitt es mit einer Schere auf. Eine Sauerstoffmaske senkte sich über meinen Mund.

Tage später, als ich aufwachte und mich von thailändischen Ärzten und Schwestern umgeben fand, konnte ich nicht einmal im Ansatz begreifen, was mit mir passiert war. Ich wusste nur, dass jeder Knochen, jede Muskelfaser, Blutzelle und Nervenendung, ja selbst jedes Haarfollikel höllisch schmerzten.

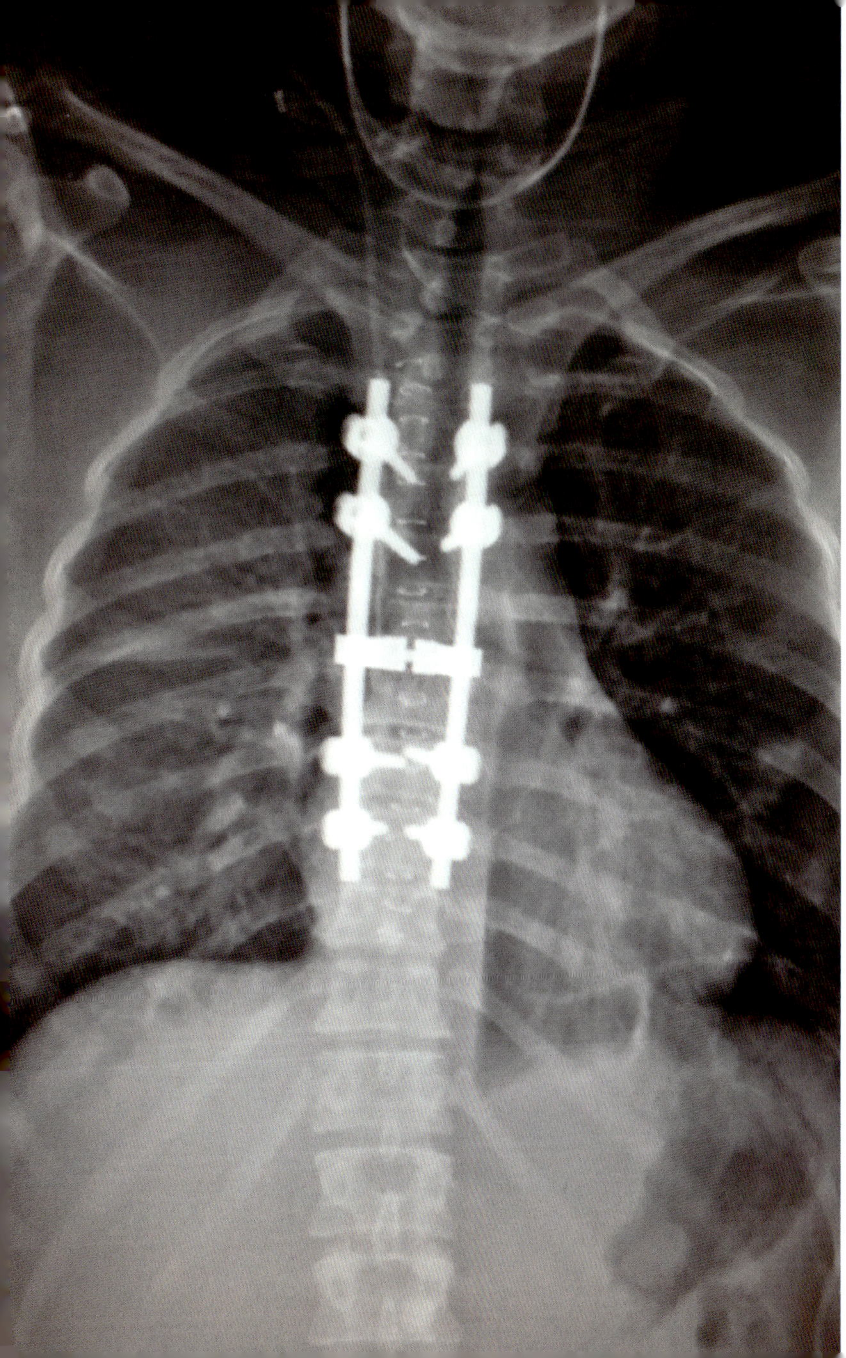

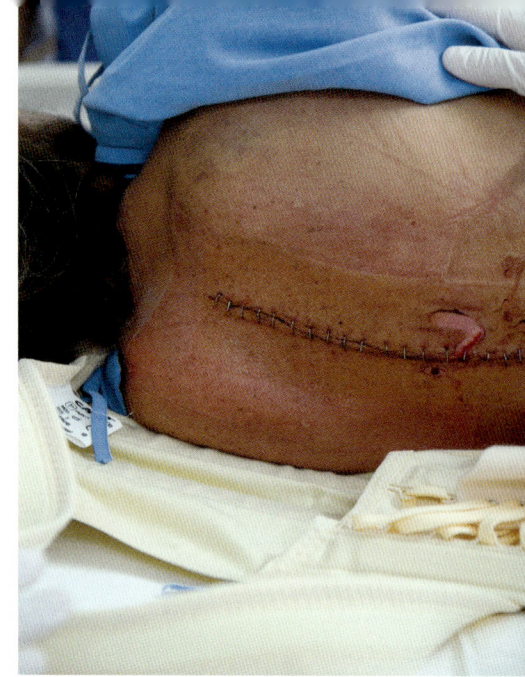
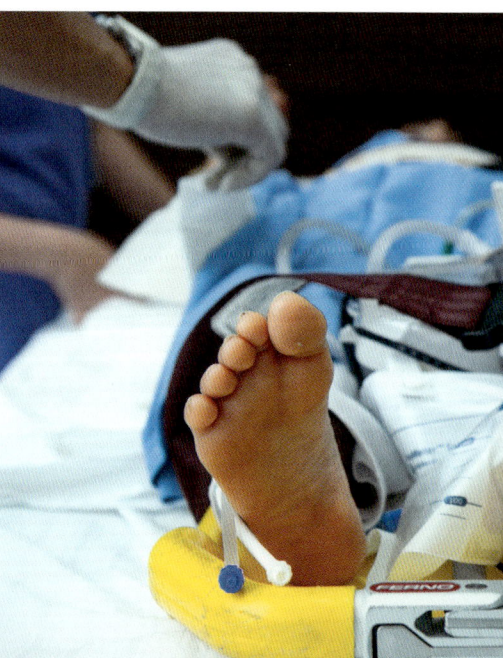

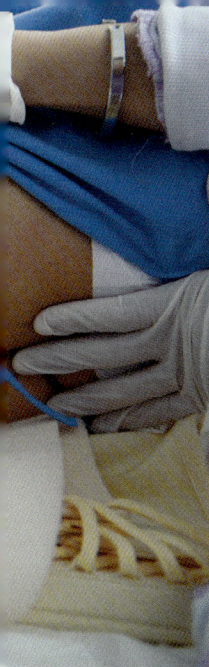

In den Krankenakten ist vermerkt, dass mein Schädel an mehreren Stellen gebrochen war. Das Hirn war gequetscht und blutete, was die Erklärung dafür war, dass ich so furchtbare Kopfschmerzen hatte. Als wäre ein paar Zentimeter hinter meinen Augen eine kleine Bombe hochgegangen.

Denken war unmöglich geworden.

Ich konnte nichts mehr schmecken oder riechen.

Meine Zähne hatte es beim Aufprall mitten durch die Zunge gehämmert – ich weiß nicht, wie viel Blut ich geschluckt hatte. Gesicht und Kiefer fühlten sich prall geschwollen an. Schon der bloße Gedanke ans Sprechen war unerträglich, und der physische Akt, Sätze zu formen, war beinahe ein Ding der Unmöglichkeit. Selbst das Atmen fiel mir schwer.

Beide Lungenflügel waren gerissen, und der linke war völlig zusammengefallen, weil sich meine Brusthöhle mit Blut gefüllt hatte.

An meinem Hals, an Armen und Rücken kamen Schläuche hervor. Ich war immer noch auf ein Spineboard geschnallt. Ich konnte mich nicht aufrichten. Ich konnte ja kaum einen einzigen Muskel rühren.

Mein ganzer Körper fühlte sich zerschmettert an, so viel war mir auf schmerzhafte Weise klar. Aber ich konnte nicht ahnen, dass ein faustförmiger Knoten aus Knochen durch meinen Rücken nach außen gedrückt worden war und dass meine Wirbelsäule bei T6 und T7 gebrochen war – ungefähr auf Brusthöhe.

Meine erste klare Erinnerung ist die an einen blind machenden Schmerz, der überall in meinem Kopf wütete. Als würde jemand meinen Schädel zertrümmern und gleichzeitig auseinanderreißen. Dank meiner Hirnverletzungen und hoch dosierten Schmerzmitteln verlor ich jedes Gefühl für Raum und Zeit. Ich trieb zwischen Wachzustand und Bewusstlosigkeit hin und her. Ich sah das düstere Lächeln meines Mannes und die aschfahlen Gesichter meiner kleinen Jungs, und ich wusste, dass es alles andere als gut um mich stand. Oder jedenfalls glaubte ich, es zu wissen. Als ich versuchte, zu meinen Söhnen zu sprechen, waren sie fort, und an ihrem Platz stand plötzlich meine Mutter; in der Zeit zwischen dem Schließen und dem Öffnen meiner Augen war sie von Australien nach Thailand geflogen.

Mama sagte mir hundert Dinge, die mich beruhigen sollten, und stellte mir hundert Fragen nach meinem Befinden. Ich erinnere mich nicht, auch nur eine einzige beantwortet zu haben. Stattdessen schrie ich: »Mama, die Gurte drücken auf meine Brüste!« Gott allein weiß, was sie damit anfangen konnte. Und dann ging ich wieder verloren und driftete zurück in meinen medikamentengeschwängerten Sturm aus Qual und Vergessen.

Ich bekam nichts mit von den vielen geflüsterten Erörterungen der Frage, ob ich weiterleben oder sterben würde.

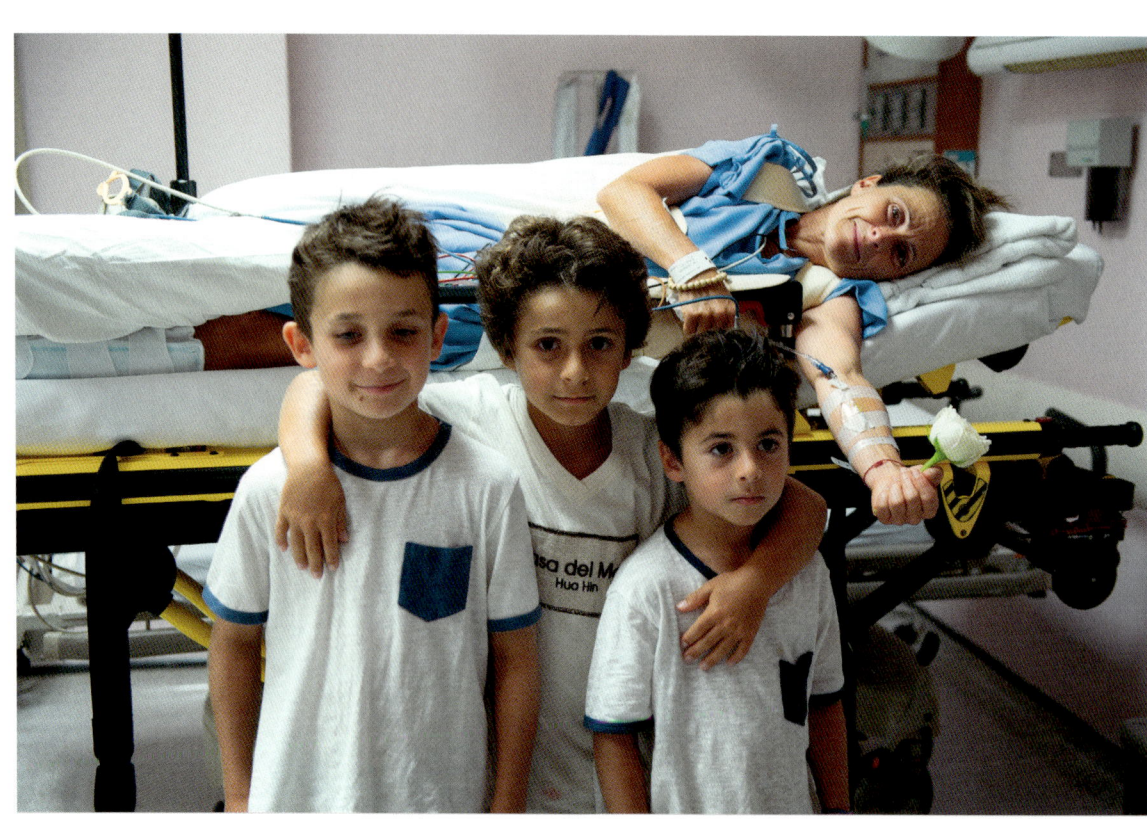

Irgendwann nach den Notoperationen – Stunden, Tage oder Wochen später, ich habe keine Vorstellung davon – fand ich heraus, dass mir trotz aller Beschwerden das Sprechen wieder leichter fiel. Ich musste mich nicht mehr auf einsilbige Grunztöne beschränken. Cam war die ganze Zeit an meiner Seite geblieben, und die Jungs kamen mich jeden Tag besuchen. Ich hatte keinen Spiegel und konnte meinen angeschwollenen und vernähten Kopf sowie den neu zusammengebauten Oberkörper nur teilweise und mit den Fingern erkunden. Daher wusste ich nicht, welchen Anblick ich bot, aber die traurigen kleinen Gesichter meiner Jungs sagten mir alles Nötige. Sie waren entsetzt. Die innere Blutung in meiner Kopfhaut war an beiden Seiten über Schläfen und Wangen hinabgewandert, und so prangte fast die Hälfte meines Gesichts in einem abscheulichen Purpurblau.

Als ich meine Familie leiden sah – alles nur meinetwegen –, würgten mich Schuldgefühle. Wer ist denn so blöd, von einem Balkon zu fallen? Was muss man für eine Mutter sein, um seine Kinder solch einem Horror auszusetzen? Und welche Frau zerschmettert ihren Körper und ihre Familie und lässt ihren Mann die Bruchstücke aufsammeln? Ich fühlte mich schrecklich, weil ich sie in all dies hineingezogen hatte; ich wollte, dass sie wussten, wie leid es mir tat, ihnen einen solchen Schrecken eingejagt und ihre Ferien ruiniert zu haben. Ich sagte ihnen immer wieder, dass am Ende alles gut werde und es mit Mama wieder in Ordnung komme, und dabei hatte ich, ehrlich gesagt, nicht die leiseste Ahnung, wie es ausgehen würde.

Seit ich wieder zu Bewusstsein gekommen war, hatte ich unterhalb meiner Brust keine nennenswerten Empfindungen mehr gespürt. Sicher stellen Sie sich vor, dass ich panisch reagierte, als ich zwei Drittel meines Körpers nicht mehr fühlen konnte. Aber so war es nicht. Es lag nicht daran, dass ich mich in mein Schicksal gefügt hätte – ich hatte einfach so viel anderes zu bewältigen: Ich litt unter kaum zu ertragenden Schmerzen und war verständlicherweise auf die Frage fixiert, ob ich fortan für immer hirngeschädigt sein würde. Und, offen gestanden, die bloße Vorstellung, gelähmt zu sein, war derart schreckenerregend, dass ich es gar nicht für möglich hielt, mir selbst könnte das je widerfahren.

Ich musste auf die harte Tour lernen, dass es fast nichts bringt, selbst einen Gesundheitsberuf zu haben, wenn man auf der Intensivstation liegt – die jahrelange Ausbildung verflüchtigt sich, wenn Geist und Körper all ihre Reserven gegen den Tod zusammenkratzen.

Was die Dinge noch komplizierter machte: Eine Kombination aus der Sprachbarriere, thailändischen Höflichkeitsregeln und den örtlichen Krankenhausvorschriften führte dazu, dass mir niemand wirklich sagte, ich könnte gelähmt sein. Ich wurde in dem Glauben gelassen, dass ich an einem Rückenmarksschock litt. Sobald die Entzündung ausreichend zurückgegangen sei – in sechs Wochen vielleicht –, sollte das Nervensystem wieder normal zu funktionieren beginnen. Das war immer noch ein bisschen erschreckend, aber mit dieser Diagnose konnte ich einigermaßen leben.

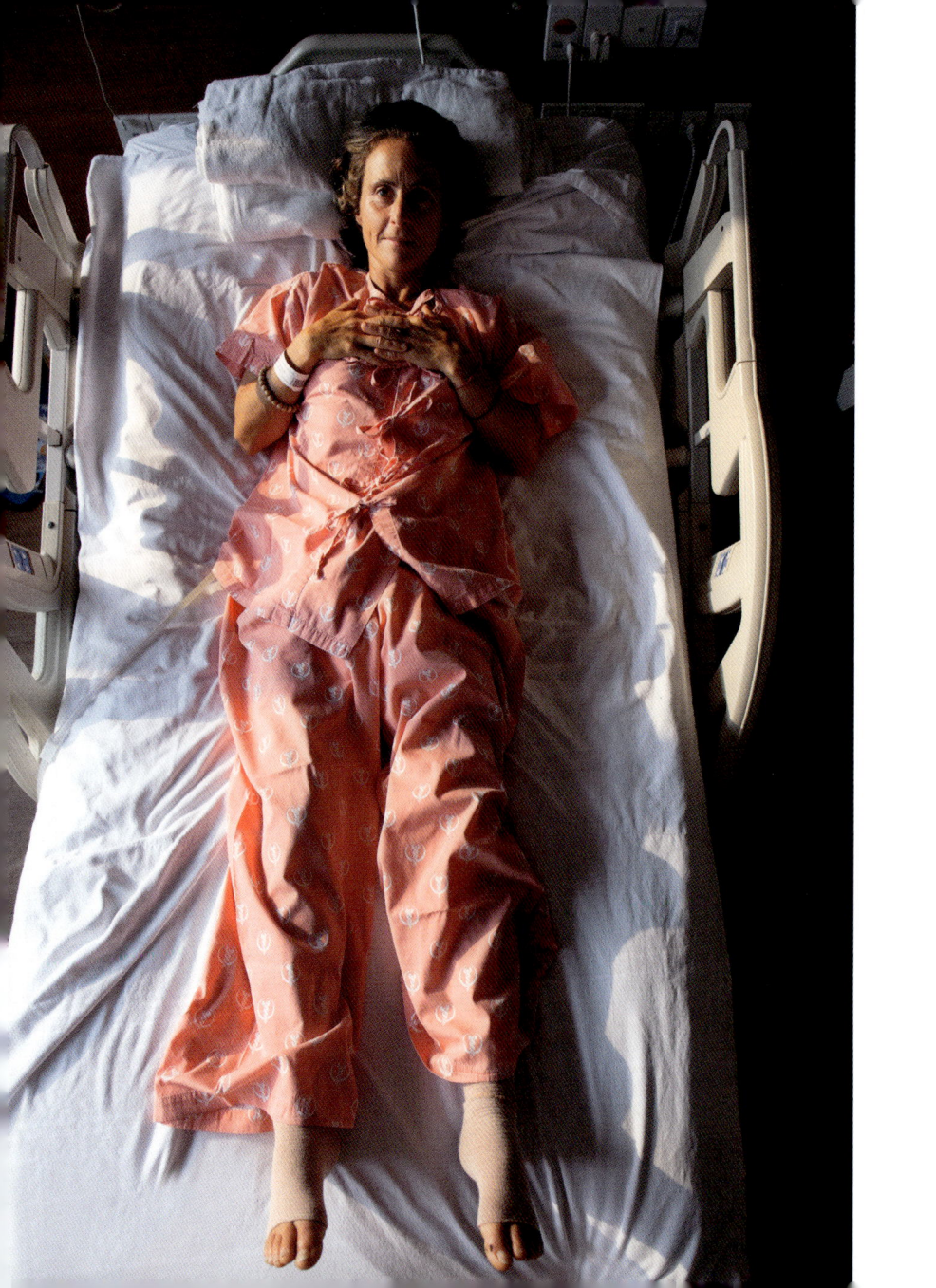

Sobald ich gefahrlos transportiert werden konnte, flog man mich zur weiteren Behandlung zurück nach Australien. An Bord einer Boeing 747 standen mir ein australischer Arzt und eine thailändische Krankenschwester zur Seite. Nachdem wir auf dem Sydney International Airport gelandet waren, winkte man uns durch die Pass- und Zollkontrolle, und drei bullige australische Notfallsanitäter betteten mich auf eine Krankentrage um. Sie waren in Dunkelblau gekleidet und viel zu professionell, um über meinen Pyjama von der thailändischen Fluggesellschaft zu lachen. So hatte ich mir die Rückkehr aus dem Familienurlaub nicht vorgestellt.

Meine Mutter und meine Schwester warteten schon im Royal North Shore Hospital auf mich. Auf der dortigen Notfallstation untersuchte mich ein Neurochirurg, der mir erklärte, dass ich meinen Geruchs- und Geschmackssinn nie mehr zurückerlangen würde.

Dann wurde ich in die Rückenmarksabteilung aufgenommen, und dort erfuhr ich die schreckliche Wahrheit. Ein junger Arzt kam zu mir, nachdem er sich meine MRT-Scans angeschaut hatte. Er sagte mir, dass meine Verletzungen auf einer Skala von »mittelschwer« bis »schwer« eindeutig als schwer einzuordnen waren. Als ich ängstlich wissen wollte, wann ich in meinen unteren Körperpartien wieder etwas würde spüren können, war die Absurdität meiner Frage für ihn so gewaltig, dass er seine guten Krankenbettmanieren vergaß und offen über die Vorstellung spottete, dass mein Rückenmark jemals wieder bis zu irgendeinem Grad von Funktionalität wiederhergestellt werden könnte. Mir war, als wäre ich ein zweites Mal von der Aussichtsplattform gefallen.

Ich würde nie wieder laufen können, nie wieder auf meinen Füßen stehen, mich niemals mehr ohne fremde Hilfe aufsetzen. Ich war keine selbstständige Frau mehr und keine voll einsatzfähige Mutter. Mein Surferleben war vorbei. Ich war behindert, ich war schwerbehindert und sonst nichts. Ich brach in Tränen aus, als ich das hörte, und ehrlich gesagt habe ich mit dieser Tatsache seither pausenlos zu kämpfen.

Meine Mutter hätte dem jungen Arzt am liebsten die Faust ins Gesicht geschlagen.

Wenn Sie jetzt vielleicht hören möchten, dass ich beschloss, meine Behinderung würde mich nicht ausbremsen, und dass ich den festen Willen hatte, optimistisch zu bleiben und einfach so weiterzuleben, als wäre nichts geschehen – nun, dann haben Sie vermutlich nach dem falschen Buch gegriffen.

Die Wahrheit ist viel finsterer, fürchte ich.

Ich glaube, es lässt sich am besten erklären, wenn ich Ihnen erzähle, wie mein Vater starb.

Papa machte nicht nur die besten Kuchen und Pies, er aß auch gern selbst welche, und alle wussten, dass er nach einem langen Arbeitstag vor den Backöfen ein kühles Bier liebte. Es genügt wohl zu sagen, dass er am Ausgang seiner mittleren Jahre ein wenig korpulenter geworden war. Nicht unbedingt das, was man »fett« nennt – eher stämmig und untersetzt, ein Gorilla im Westentaschenformat. Niemand von uns ahnte, dass Papa irgendwelche gesundheitlichen Probleme hatte, bis man bei ihm Diabetes Typ 2 diagnostizierte.

Und dann begann er Herzprobleme zu bekommen.

Beides zusammen war in Kombination mit dem körperlich fordernden Job in der Backstube alles andere als ideal.

Meine Mutter und wir Kinder lagen ihm ständig in den Ohren, er solle mehr auf seine Gesundheit achten, aber das war einfach nicht seine Art. Er lächelte dann nur und sagte: »Keine Bange, Leute, das wird schon wieder.« So war er eben. Selbst nachdem er einen Herzinfarkt erlitten und einen Bypass bekommen hatte, machte er nie irgendwelchen Wirbel um seinen Zustand. Inzwischen hatte er wegen seiner Herz-Kreislauf-Erkrankung auch sehr schlecht durchblutete Beine, und als er sich den großen Zeh verletzte, bildete sich rasch ein Geschwür, das unglaublich schmerzhaft war und einfach nicht heilen wollte.

Er hielt es damit lange aus. Viel zu lange. Er war furchtbar stoisch und wollte sich davon nicht beunruhigen lassen, aber ebenso wenig wollte er irgendwelche sinnvollen Maßnahmen ergreifen, um seinen Zustand zu verbessern. Wenn wir ihn mit der ganzen Familie besuchen kamen, sagte ich zu meinen ungestümen kleinen Jungs immer: »Seid vorsichtig! Achtet auf Opas Zeh!«

Ich war gerade im Fitnessstudio, als Mama mich anrief. Ich sollte rasch bei ihnen vorbeischauen, weil Papas Blutzuckerspiegel durch die Decke gegangen war und sie medizinischen Rat brauchte. Bei meiner Ankunft konnte ich sehen, dass die Lage ernst war und sich die Werte tatsächlich sehr verschlechtert hatten, aber Diabetes war nicht mein Spezialgebiet, und ich wusste nicht, wie viel Insulin wir ihm geben mussten oder ob eine Insulingabe unter diesen Umständen überhaupt ausreichen würde. Deshalb fuhr ich Papa ins Mona Vale Hospital, um dort Hilfe zu bekommen.

Es ging nicht gut aus.

Papa und ich wurden in ein Untersuchungszimmer geführt, und die Atmosphäre war, um es vorsichtig auszudrücken, angespannt. Bald wurde sie schlimmer. Viel schlimmer. Eine Stunde später rief ich meine Mutter und meine Schwester an und bat sie, so schnell wie möglich ins Krankenhaus zu kommen. Papas Diagnose war besorgniserregend. Die Infektion in seinem Zeh war aggressiv geworden; eine trockene Gangrän breitete sich rasch aus, und der Arzt teilte ihm unmissverständlich mit, dass die Amputation des rechten Beines inzwischen seine einzige Überlebenschance war.

Es graute Papa schrecklich davor, ein Bein zu verlieren, und doch machte die Angst ihn auch auf seltsame Weise störrisch. Er betonte unerschütterlich, das werde er nicht mit sich machen lassen; er wolle es nicht tun, und er müsse es nicht tun. Der Arzt gab nicht so schnell auf. Er lotste die übrige Familie in ein winziges Sprechzimmer und drängte uns, Papa zu einem Sinneswandel zu bewegen. Immerhin gehe es um eine lebensrettende Maßnahme. Wir waren alle zutiefst erschrocken – und ich ganz besonders. Ich redete immer wieder auf Papa ein: Er solle es sich noch mal überlegen und doch auch an seine Enkelkinder denken. Aber am Ende respektierten wir seine Entscheidung und hofften auf einen glücklichen Ausgang. So knuddelig Papa auch ausgesehen haben mag – wir wussten, dass er zäh war wie Rugbyschuhleder. Und wenn er das Gefühl hatte, die Krankheit besiegen zu können, wollten wir ihm gern glauben.

Das Ärzteteam bombardierte Papas Organismus mit zielgerichteten Antibiotika und verabreichte ihm starke Schmerzmittel. Er war von den Medikamenten ein wenig benebelt, aber sonst in guter Stimmung wie eh und je. Wir waren jeden Tag bei ihm, erzählten und lachten – einmal behauptete er, sein Katheterschlauch wäre eine Angel, und er hätte einen riesengroßen Barramundi am Haken. Papa war sicher, dass mit ihm alles in Ordnung kommen würde.

Aber der Kampf war bereits verloren. Wundbrand hatte eingesetzt, und einige Tage später starb er.

Wie er es sich gewünscht hatte, wurde mein Vater eingeäschert, und seine Asche sollte in den Norden gebracht und im Daintree-Regenwald, einem UNESCO-Weltnaturerbe, verstreut werden … aber irgendwie schaffte sie es nicht weiter als bis in den Kleiderschrank meiner Mutter.

Papa könnte heute noch unter uns sein, sich seines Rentnerdaseins erfreuen und Leckereien für seine Enkelkinder backen. Er hätte nur bereit sein müssen, ein Bein zu opfern, um sein Leben zu retten. Aber für einen so physisch präsenten Menschen wie ihn war die Vorstellung, auf einem Bein herumhumpeln zu müssen, derart schrecklich, dass er beschloss, lieber tot als behindert zu sein.

Heute weiß ich genau, was er damals fühlte.

In diesen ersten Tagen im Royal North Shore Hospital, nun, da ich wusste, was aus mir geworden war, war ich überwältigt von negativen Gefühlen: Zorn, Entsetzen, Reue, Schuld und Abscheu. Ich fand meinen eigenen Körper abstoßend – zwei Drittel von mir waren tot; meine leblosen Beine und mein Bauch fühlten sich scheußlich an, wie rohes, feuchtkaltes Schweinefleisch, und ich weigerte mich, sie zu berühren. Ich bereute und verabscheute jedes Wort von mir und jede einzelne Handlung, die mich zu dem verhängnisvollen Moment am Geländer hingeführt hatten.

Das Einzige, was mich vor dem Durchdrehen bewahrte, war der Gedanke daran, irgendwann wieder nach Hause zu kommen. Ich wollte von meinem früheren Leben so viel zurückhaben wie nur möglich, und ich konnte das Krankenhaus gar nicht schnell genug verlassen. Aber fast alles schien sich gegen mich verschworen zu haben.

Nach meinem Sturz hatte ich so viel Blut verloren, dass mein Blutdruck zu niedrig war, als dass ich eine Notoperation im thailändischen Krankenhaus hätte überleben können. Selbst nach mehreren Bluttransfusionen war mein Zustand zu instabil für eine Operation, und so wurde ich in einer Ecke der Intensivstation geparkt. Mein Befinden wurde fortwährend überwacht, sodass man mich in den OP-Saal rollen konnte, sobald meine Überlebenschancen größer waren als die Wahrscheinlichkeit, dass ich sterben würde.

Bis dahin vergingen drei Tage und drei Nächte.

Während dieser Zeit hatte mich das thailändische Team von der Intensivstation auf ein starres, hartes Spineboard geschnallt, denn sie fürchteten, es könnte schon tödlich sein, wenn sie mich nur ein ganz klein wenig bewegten. Das Ergebnis war ein Druckgeschwür vierten Grades im unteren Rückenbereich. Als ich ins Royal North Shore Hospital aufgenommen wurde, wurde die Haut bereits schwarz und ekelerregend, genau wie Papas brandiges Bein. Im Zentrum des Geschwürs moderte ein Pfuhl aus totem Gewebe vor sich hin, und die Nekrose breitete sich schon aus. Ich konnte den Schmerz nicht spüren und den üblen Geruch nach verdorbenem Fleisch und gezuckerter Kondensmilch nicht wahrnehmen, aber die Ärzte wussten, dass es mit mir vorbei sein würde, wenn die Nekrose mein Rückgrat erreichte. Und so rollten sie mich erneut in den OP-Saal. Die OP-Schwester, die mich für die Narkose vorbereitete, wusste bereits, was mir in Thailand passiert war, und als sie das Druckgeschwür sah, begann sie zu weinen.

Am Ende waren drei weitere Operationen nötig – zwei chirurgische Ausschneidungen, bei denen man das tote Fleisch vom Geschwür saugte und schabte, um das befallene Gewebe zu entfernen und die Wundheilung zu fördern, und schließlich eine Transplantation, für die man mir ein Stück Haut aus dem Oberschenkel schnitt, um den klaffenden purpurroten Krater damit zu versiegeln. Mein Aufenthalt im Krankenhaus verlängerte sich auf sieben Monate.

Die ersten acht Wochen waren die schlimmsten. Ich war gezwungen, die ganze Zeit auf der Seite zu liegen. Ich schlief in Seitenlage, wurde auf einem speziellen Rollwagen in Seitenlage geduscht, ja, ich aß sogar in Seitenlage. Nicht dass ich irgendwie Appetit verspürt hätte, aber ich hatte bereits 20 Prozent meines Körpergewichts verloren, und ohne zusätzliche Proteine wäre mein Druckgeschwür nicht verheilt. Und so schaufelte ich die Nahrung, die ich nicht schmecken konnte, langsam in meinen undankbaren Mund, und dann lag ich wieder herum und starrte auf die Wände. Stundenlang zählte ich die waagerechten Farbstreifen auf den Vorhängen: weiß, gelb, orange, dunkelorange, weiß, rot, hellgrün, weiß, dunkelgrün, mittelgrün – und wieder von vorn.

Die Krankenschwestern mussten mich alle zwei Stunden auf die andere Seite drehen, Tag und Nacht. Um das richtig auszuführen, waren zwei, manchmal auch drei Schwestern vonnöten: eine gleichmäßige Drehbewegung ohne jedes Verschieben oder Ruckeln. Ich machte es ihnen nicht eben leicht – immer, aber wirklich immer, wenn ich halb herumgedreht war, geriet ich in Panik; mein fehlendes Körpergefühl und die posttraumatische Angst vor dem Fallen machten, dass ich plötzlich den nächstgelegenen Körperteil der nächstgelegenen Schwester packte und mich verzweifelt daran festklammerte. Jedes Mal entschuldigte ich mich wortreich, sie derart erschreckt zu haben, und nahm mir fest vor, mich zu bessern. Zwei Stunden später lösten sich die guten Vorsätze in Luft auf.

Besuch zu bekommen, war herrlich und zugleich schwierig. Ich wollte unbedingt mit meinen Freunden und Lieben zusammen sein, aber ich hasste es auch, dass sie mich so sahen. Sie taten alles Erdenkliche, um mich aufzuheitern; manchmal brachten sie etwas zu essen und zu trinken mit, und wir machten außerhalb der Station ein kleines Picknick, draußen im Sonnenschein. Aber mein Selbstekel und Selbstmitleid waren giftig und durchdrangen alles. Wenn die Besuchszeit endete, waren alle immer traurig.

Sobald mein Druckgeschwür vollständig abgeheilt war, brachte man mir bei, wie ich mich aufrichten konnte. Ich musste mich dazu auf die Ellenbogen stützen und nach dem Bettgeländer greifen. So war ich ein wenig unabhängiger. Um mich zu mehr Mobilität und noch größerer Unabhängigkeit zu ermutigen, zeigte man mir, wie ich mithilfe eines Rutschbretts aus dem Bett in einen Rollstuhl kommen konnte. Es war ein Job für zwei.

Der Umzug von der Rückenmarksstation in die Reha-Abteilung war kein Vergnügen. Diese angestaubte und bedrückende Einrichtung, die inzwischen abgerissen wurde, war heruntergewirtschaftet, schmuddelig und in völliger Unordnung, weit schlimmer als alles, was ich in Afrika gesehen hatte. Mich nahm es besonders mit, denn vor 15 Jahren hatte ich hier selbst gelegentlich als Krankenschwester gearbeitet. Damals hatte das Haus schwerbehinderte Patienten beherbergt, von denen viele eine traumatische Hirnschädigung erlitten hatten und ständig auf Hilfe angewiesen waren. Meine negativen Assoziationen waren noch weniger aufbauend als die schmierigen Fußböden, die kahlen Wände und die altersschwache Ausstattung. Dies war ein Ort, an dem Menschen in Vergessenheit gerieten.

In meiner ersten Therapiesitzung schlug mir der dortige Psychologe vor, meine Gebärmutter entfernen zu lassen – so könne ich die Sauerei und Lästigkeit künftiger Menstruationszyklen vermeiden. Mit jeder Minute fühlte ich mich weniger als Mensch.

Gerechterweise muss ich sagen, dass das übrige Team einfach wunderbar war. Ich aber war bitter und wütend, und alle meine Gedanken kreisten nur um meinen Funktionsverlust. Ich hatte schon aufgegeben, ehe ich überhaupt gestartet war; ich hatte Cam bereits gebeten, mein Mountainbike und die Surfbretter wegzugeben.

Ich harrte in meiner Sackgasse aus, und damit war ich in guter Gesellschaft. Von den 15 oder 20 Rückenmarkspatienten, mit denen ich zusammenlebte, konnten manche ihren Körper deutlich besser gebrauchen als ich; die meisten aber waren wesentlich schlimmer dran. Es gab nicht viele Frauen, mit denen ich hätte reden können; die Patienten waren fast ausschließlich junge Männer. Und obwohl es mich nicht gerade weniger introvertiert machte, dass ich jetzt in einem Rollstuhl steckte, konnte ich doch wenigstens Menschen um mich haben, die genau wussten, was ich empfand.

Während der beiden Mahlzeiten, die wir jeden Tag pflichtgemäß gemeinsam einnahmen, war es nicht ungewöhnlich, dass bei mindestens einem von uns die Seelenqual an die Oberfläche stieg und der- oder diejenige in ohnmächtige Wut ausbrach und mit einer heftigen Armbewegung Teller und Wassergläser vom Tisch wischte, sodass sie auf dem trostlosen, breifarbenen Linoleumfußboden zerschellten und ihren Inhalt verspritzten.

Ich sprach mit einem Teenager, der wie ich von einem Balkon gefallen war und sich das Rückgrat gebrochen hatte. Er sagte mir, der Unfall sei beim Fensterputzen passiert, aber später erfuhr ich, dass er versucht hatte, sich das Leben zu nehmen. Am Jahrestag seines ersten, gescheiterten Selbstmordversuchs erhängte er sich an einem Türknauf. Sein Gehirn starb, aber der Körper überlebte, bis seine Eltern dem Krankenhaus erlaubten, die lebenserhaltenden Apparate abzuschalten. Erst jetzt hatte er seinen Frieden gefunden.

Und nie werde ich jenen supersympathischen Endzwanziger vergessen, der mir ein Video zeigte, das sein bester Freund aufgenommen hatte. Er hatte es auf seiner Facebookseite gepostet. Es beginnt damit, dass der junge Mann lachend eine kleine Sanddüne hochrennt, auf der ein betonierter Fußweg verläuft. Dieser führt auf eine Brücke, die sich über den Zufluss zur Narrabeen-Lagune spannt. Nicht weit von dort hatte ich mein ganzes Leben verbracht. Er erreicht die Brückenmitte, klettert über das niedrige Geländer und stellt sich auf ein großes Metallrohr, das an der Brücke entlangläuft. Einen Moment lang steht er grinsend dort, die Arme ausgebreitet wie ein Gekreuzigter, und schneidet seinen Freunden eine Grimasse. Sie rechnen damit, dass er irgendeinen komischen akrobatischen Hüpfer macht; der Wasserspiegel liegt ja nur zwei Meter unter ihm. Aber er hüpft nicht. Er vollführt einen eleganten Schwalbensprung ins hellblaue Wasser, das dort viel flacher ist, als alle gedacht hätten. Zum Glück kann man auf dem Video nicht sehen, wie er sich den Hals bricht, denn sein Kopf ist, als er beim Aufprall nach hinten geschmettert wird, vom Körper verdeckt. Aber als der junge Mann an die Oberfläche treibt, mit dem Gesicht nach unten und völlig reglos, kann es keinen Zweifel daran geben, was gerade passiert ist. Und dann beginnt das Bild wie irre zu schwanken, denn seine entsetzten Freunde stürmen ins Wasser, um ihm das Leben zu retten. Als ich ihn in der Reha-Abteilung zum letzten Mal sah, hatte er in seinen Fingern gerade mal genug Kraft, um eine Zigarette zu halten.

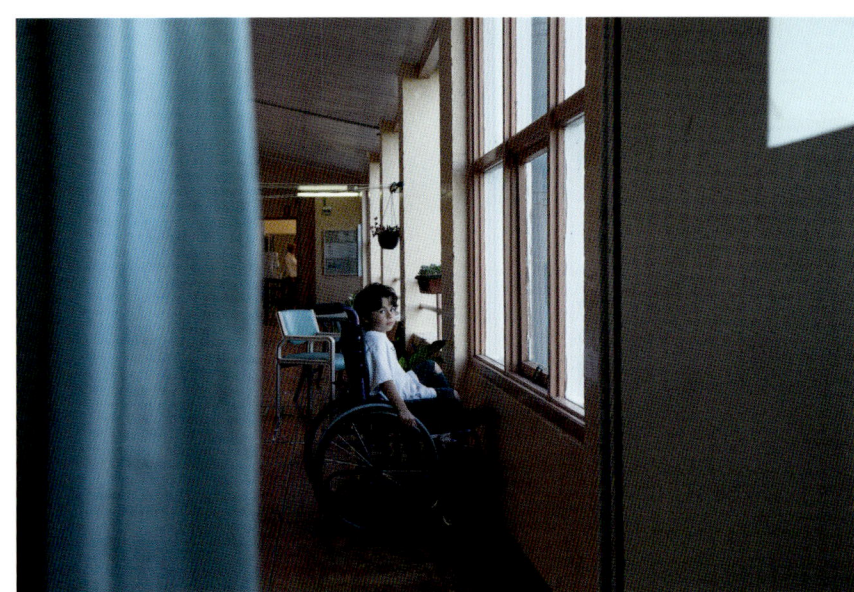

Welches Zimmer man auch betrat, man hatte das Gefühl, in ein Begräbnis zu geraten. Es war wirklich so traurig. Ich fuhr jeden Tag in den Sportraum und blieb dort stundenlang, nur um meinem gottverdammten Zimmer zu entfliehen. Manchmal zog ich mir Boxhandschuhe an und versuchte, mich von meinen negativen Gefühlen freizudreschen, aber das klappte niemals. Und so saß ich stattdessen meist mit ein, zwei Mitpatienten im Sportsaal nur so herum, und wir würgten abwechselnd unseren Selbstekel hoch. Das war nicht gerade viel, aber es half.

Selbst damals, als ich am Boden zerstört war, als ich zu langen Wimmeranfällen neigte und ungefähr so einladend war wie ein Sitzsack voller Glasscherben, verlor ich doch nicht meine tiefe Dankbarkeit dem unermüdlichen Reha-Team gegenüber. Und ganz besonders dankbar war ich dem Verantwortlichen für Sport und Entspannung, denn er steckte jeden Tag eine erstaunliche Energie in seine Arbeit. Er hatte herausgefunden, welchen sportlichen Hintergrund ich hatte, und ermunterte mich unablässig, auf diesem Gebiet etwas Neues zu beginnen. Jede Woche nahm er mich zum Rollstuhlrugby mit, einem Spiel, das auch unter der liebevollen Bezeichnung »Mordball« bekannt ist und für mich spannend anzuschauen war. Er bombardierte mich mit Vorschlägen für neue Sportarten, an denen ich vielleicht Gefallen finden würde, und listete die Gründe auf, weshalb ich mich weiterhin als dynamische, körperbetonte Person sehen sollte. Damals hatte ich nicht wirklich ein offenes Ohr dafür, aber er hatte ein Samenkorn gelegt, und ich bin ihm noch heute dankbar dafür.

Ich konnte nur noch an eines denken: diesem medizinischen Gefängnis zu entkommen und wieder in meinem eigenen Bett zu schlafen.

Es wird Sie vielleicht erstaunen, dass der schlimmste Tag in meinem Leben nicht jener war, an dem ich von der Plattform stürzte und mir den Rücken brach, und auch nicht der, an dem ein herzloser Arzt mir mit spöttischem Grinsen mitteilte, dass ich nie wieder würde laufen können. Nein, es war der Tag, an dem ich nach Hause kam. Diesen Augenblick hatte ich so inständig herbeigesehnt – in jeder wachen Minute, die ich im Krankenhauspyjama verbracht hatte. Aber sobald man mich über die Schwelle unserer Haustür schob, wurde mir klar, dass nichts mehr so sein würde wie früher.

Der Rollstuhl senkte meine Augenhöhe dramatisch; aus diesem Blickwinkel wirkten die Zimmer gar nicht mehr wie mein Zuhause. Alles kam mir so seltsam vor, irgendwie anders, wie ein Filmset oder eine schlechte Nachbildung. In Wahrheit war ich es, die sich verändert hatte. Ich war nicht länger die Frau, die dieses Haus mit viel Liebe zu einem Zuhause gemacht hatte.

All die kleinen Dinge, die einst Bestandteil meines Alltags gewesen waren – die Sorge um meine kleinen Kinder, der Stolz auf die schönen Räume, die besonderen Augenblicke mit meinem Mann –, all dies war nun nicht mehr. Ich konnte keine Einkäufe mehr machen; ich konnte ja nicht einmal den Fußboden erreichen, geschweige denn die schmutzigen Sachen der Jungs und ihre Badehandtücher aufheben. Ich konnte nichts schmecken – wie sollte ich da für irgendjemanden eine genießbare Mahlzeit zubereiten?

Meine Behinderung koppelte mich von meiner eigenen Familie ab. Ich war eine Fremde im eigenen Haus. Zum ersten Mal seit mehr als einem halben Jahr war ich die einzige an den Rollstuhl gefesselte Person im Raum, und ich fühlte mich wie eine Monstrositätenschau auf Rädern. Ich hätte nicht im Traum gedacht, dass ich die scheußliche Rückenmark-Reha einmal vermissen würde, aber genau das tat ich.

Als mein siebenjähriger Sohn krank im Bett lag, als er sich erbrach und weinte und nach seinem Vater rief, nicht nach mir, da hatte ich das Gefühl, dass ich als Mutter durchgefallen war. In jener Nacht weinte ich mich in den Schlaf, und es waren Tränen aus Schuldgefühl und Scham.

Unser Haus stand noch immer auf einem sonnigen, grünen Hügel mit Blick aufs Meer, aber drinnen breitete sich ein dunkler Nebel aus Kummer und Düsternis aus. Das pechschwarze Zentrum dieses Nebels war ich. Eine Zeit lang war ich derart angefüllt mit irrationalem Zorn, dass ich alles hasste, was irgendwie mit Thailand zu tun hatte; das nahm so lächerliche Züge an, dass ich nicht einmal daran denken konnte, in unserem thailändischen Restaurant ein Abendessen zu bestellen, ohne sofort in Aufruhr zu geraten.

Ich versuchte nach Kräften, zu Hause nicht aus jenen Fenstern zu schauen, die grausamerweise direkt auf meine Lieblingssurfstelle hinausgingen. Schon wenn ich ein Mädchen mit einem Surfbrett unterm Arm die Straße hinabrennen sah, hätte ich mir am liebsten die Lunge aus dem Hals geschrien.

Ich verlor allmählich den Verstand.

Ich hasste es, aufzuwachen – und wenn ich schließlich doch die Augen aufschlug, bat ich darum, ins Badezimmer geschoben zu werden, wo ich fast eine Stunde lang unter der Dusche saß, damit meine Familie nicht sehen konnte, dass ich weinte. Ich presste die Lider zusammen und versuchte mir mit aller Kraft vorzustellen, dass ich wieder auf dem Surfbrett stand und der Duschstrahl die Gischt einer Welle war, die sich über mir brach …
Aber diese Illusion hielt nie lange an. Jäh in meinen gelebten Albtraum zurückgerissen, hämmerte ich auf die Wände ein, und die Tränen begannen wieder zu fließen.

Manche Leute meinten, sie wüssten über all das besser Bescheid als ich selbst. Sie sagten mir, es würde allmählich leichter werden, aber dazu kam es nie. Da ich keinerlei Kontrolle über meine Bauchmuskeln hatte, konnte ich nicht aus eigener Kraft in den Rollstuhl hinein- oder wieder herauskommen; allein konnte ich nicht das Bad benutzen, ja mich nicht einmal aufsetzen. Cam musste mich jede Nacht mindestens dreimal umdrehen, damit ich mich nicht wund lag.

Und wenn Cam einmal früh zur Arbeit musste, half mir mein jüngster Sohn, der erst vor wenigen Jahren den Windeln entwachsen war, beim Hochstreifen meiner Unterhose und der Jeans. Ich war vollkommen abhängig von anderen Menschen – eine Last für jene, die ich am meisten liebte.

Ich war nicht länger mein eigener Herr.

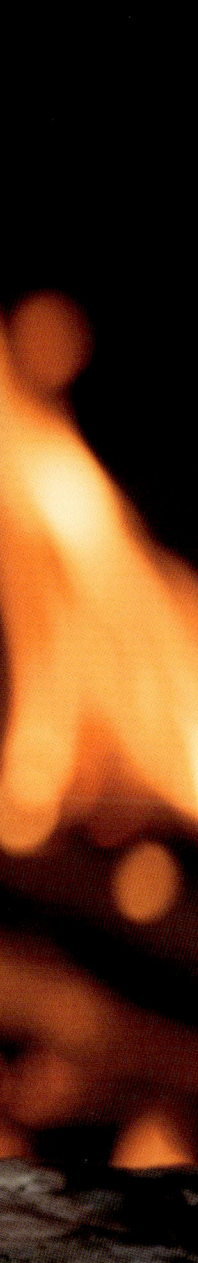

Nicht nur, dass mich meine Verletzungen furchtbar einschränkten und die tägliche Pflege mich demütigte – ich litt auch unablässig Schmerzen. Praktisch niemand, mit dem ich seit dem Unfall gesprochen habe, wusste, dass die meisten Überlebenden einer Rückenmarksverletzung immer noch Schmerzen in den betroffenen Körperteilen haben. Vermutlich stellen sie sich vor, wir säßen 20 Stunden am Tag gefühllos und zufrieden in unseren Rollstühlen wie dösige Koalas in den Astgabeln eines Eukalyptusbaums. Aber so ist es leider überhaupt nicht.

An den Titanstäben, die man mir in die Wirbelsäule geschraubt hatte, feuerten die geschädigten Nerven schrille Signale ab. Auf Brusthöhe, entlang der Bruchlinie, marterten mich Empfindungen, die unzähligen Bienenstichen ähnelten. Und die grausamste Ironie waren die qualvollen Wellen brennender Phantomschmerzen, die meinen ansonsten toten und nutzlosen Rumpf, aber auch Beine und Füße bestürmten.

Das war nicht ich. Das war nicht mein Leben. Das konnte doch nicht mein Schicksal sein.

Als einst aktive, sportliche und unabhängige Frau konnte ich mich mit dem, was passiert war, einfach nicht abfinden.

Ich war in der Hölle.

Es war, als wäre meine Seele allergisch gegen Sonnenlicht und Zuneigung geworden. Ich versteckte mich vor langjährigen Freunden und ließ die liebevollen Gesten wohlmeinender Bekannter und Nachbarn an mir abprallen. Und je mehr ich die Welt zurückwies, desto kleiner wurde mein Leben. Als ich auf dem Tiefpunkt war, ging ich auf Distanz zu meiner besten Freundin Bron und brach den Kontakt zu ihr schließlich vollends ab.

Bron ist der wunderbarste und liebevollste Mensch, den ich kenne, und seit wir uns in der fünften Klasse erstmals begegnet waren, hatten wir alles gemeinsam gemacht. Wir hatten keine Geheimnisse voreinander und teilten über viele Jahre hinweg unzählige Erlebnisse. Wir waren gemeinsam durch die Wildnis gereist, hatten einander auf tausend Partys begleitet und zusammen das Krankenschwesterstudium absolviert. Bron hatte sich um meine Kinder gekümmert und ich mich um ihre.

Sobald sie von meinem Unfall gehört hatte, ließ Bron alles stehen und liegen, um nach Thailand zu fliegen und an meinem Krankenbett zu sein. Auch später im Royal North Shore Hospital war sie eine treue Besucherin. Sie war immer für mich da und sagte nie etwas Falsches. Sie war mein Schutzengel. Und ich, ich habe sie von mir gestoßen.

Das klingt verrückt und ist es auch, aber wenn ich Brons hübsches Gesicht sah, hasste ich mich nur noch mehr. Ich konnte es nicht ertragen, dass sie mich ansah, ich konnte ihre Freundlichkeit nicht aushalten. Sie war eine Botschafterin der Liebe aus einer Zeit, die für mich verloren war, einer Zeit, in die ich so gern zurückgekehrt wäre – in meinem ganzen Leben hatte ich mir nichts so inständig gewünscht wie dies. In meinem zerbrochenen Geist war meine beste Freundin nur noch ein wandelndes Symbol für das, was mein Leben hätte sein können, und für alles, was es nicht mehr war.

Dass ich Bron zurückgewiesen habe, bereue ich so sehr wie kaum etwas anderes.

Wenn ich Ihnen sage, dass ich oft an Selbstmord dachte, meine ich damit nicht alle zwei Wochen oder jeden zweiten Tag. Ich meine damit: beinahe zu jeder Stunde an jedem Tag. Und wären meine Kinder nicht gewesen, hätte ich es sehr wahrscheinlich durchgezogen.

Ich weiß, dass Cam es verstanden hätte. Er will nicht, dass ich leide, und ihm ist bewusst, wie wichtig meine Freiheit für mich ist. Aber meine drei kleinen Jungs – ihnen konnte ich den zusätzlichen Horror einfach nicht aufbürden, noch dazu in dieser entscheidenden Entwicklungsphase und nach allem, was sie meinetwegen schon hatten durchstehen müssen.

Wenn ich heute wieder in meinem Tagebuch lese, bin ich erschrocken über meine sorgfältigen Planungen: Ich wollte exakt bestimmen, zu welchem Zeitpunkt es die wenigsten negativen Folgen für meine Angehörigen haben würde, wenn ich mir das Leben nahm. Meine Strategie bestand darin, das optimale Selbstmordjahr zu finden – so weit in der Zukunft, dass meine Söhne emotional reif genug waren, um mit dem Verlust klarzukommen, aber auch nicht zu spät, damit mein Mann noch jung und attraktiv genug war, um eine andere Liebe zu finden und neu durchzustarten.

Es ist nicht leicht, den idealen Moment für so etwas zu finden.

Zu dieser Zeit hatten mich Schmerz und Verzweiflung an einen Ort geführt, an dem mich kein Mensch mehr erreichte. Kein Therapeut, kein Berater, wohlmeinender Freund oder Familienmitglied konnte noch zu mir durchdringen, und zu helfen vermochten sie mir erst recht nicht.

Der Kern meines Wesens war eingestürzt, ich hatte die letzten Stadien einer Depression erreicht, alles, was mir das Leben noch zu bieten hatte, schmeckte wie Staub, und ich wollte nur noch, dass mein Elend endlich aufhörte.

Ich fühlte mich reduziert auf einen Fleischklumpen, der vollkommen von anderen Menschen abhing und nur noch darauf wartete, dass der Schalter für die lebenserhaltenden Apparate auf null gestellt wurde.

In gewisser Weise war ich bereits gestorben.

Aber dann brachte mich ein kleiner Vogel zurück ins Leben.

Der emotionale Umschwung kam, als wir Penguin retteten – ein verletztes Elsterjunges, das aus seinem Nest neben dem Haus meiner Mutter geweht worden war.

Wie dieses winzige Bündel aus Knochen und Federn seinen 22 Meter tiefen Sturz von einer himmelhoch aufragenden Norfolktanne auf die asphaltierte Parkfläche überlebt hat, weiß ich nicht. Aber nie werde ich Penguins wackelnden Kopf vergessen, den seltsamen Winkel, in dem ihr verletzter Flügel abstand, und das Pochen ihres kleinen Herzens gegen meine Handfläche.

Hier war ein zerbrochenes, schwaches Lebewesen, das Hilfe brauchte. Und in diesem Augenblick hörte ich auf, an mich selbst zu denken, und meine Instinkte als Mutter und Krankenschwester kamen wieder zum Vorschein. Noch heute staune ich darüber, dass zwei glänzende Augen und ein paar Gramm Flaum genügten, um mich aus meiner bitteren Besinnungslosigkeit zu ziehen, und dass sie dabei helfen konnten, meine Familie zu retten. Aber genau das ist passiert.

Fast unmittelbar nach Penguins Ankunft begann sich die schwarze Wolke zu heben. Futter in diesen gierigen kleinen Schnabel zu stopfen und dabei aufzupassen, nicht in die Finger gezwickt zu werden, war ein gemeinsames Ziel, das uns miteinander verband – endlich konnten die Jungs und ich über etwas sprechen, das uns glücklich machte.

Der Anblick dieses zauberhaft hässlichen und oftmals verschmierten kleinen Gesichts half mir auch dabei, mich – vielleicht zum ersten Mal seit meinem Unfall – wieder daran zu erinnern, wie Lächeln geht. Statt den Schluchzern in der Dusche gab es nun wieder Gelächter.

Nicht, dass alles reibungslos gelaufen wäre. Als Penguin krank war, hatten wir viele schlaflose Nächte, und es war enorm anstrengend, rund um die Uhr all ihre Bedürfnisse zu befriedigen. Aber wir liebten diese kleine Elster, und sie liebte uns.

Zu keiner Zeit wurde Penguin in einem Käfig gehalten. Es stand ihr immer frei, uns zu verlassen. Aber sie entschied sich dafür, bei uns zu bleiben. Wir bedeuteten für sie mehr als Gratisfutter und ein warmer Schlafplatz. Wir waren ihre Familie. Ich betrachtete sie als eines meiner Kinder – und zu anderen Zeiten als so etwas wie eine Schwester.

Immer wenn ich mir ernsthaft Sorgen um Penguin machte, weil ihre Gesundheit zu fragil war oder ihre Verletzungen zu schlimm aussahen, verstand sie irgendwie, dass ich litt oder niedergeschlagen war. Dann tat sie ihr Bestes, um mich aufzuheitern. Sie schwatzte herum und sang für mich, was das Zeug hielt. Manchmal war sie einfach ein fröhlicher Plagegeist, der für willkommene Ablenkung sorgte und mir sanft zu Bewusstsein brachte, dass es in meiner scheinbar so grauen und düsteren Welt immer noch eine Menge Glück und Schönheit gab.

Penguin wurde nie rot, wenn ich fluchte und über meine Lage klagte. Das machte sie zum besten Resonanzboden, den man sich denken kann. Und wenn man seine Ängste laut ausspricht, nimmt man ihnen damit auch ein wenig den giftigen Stachel. Was für ein komisches Paar müssen wir abgegeben haben, wenn wir stundenlang miteinander schwatzten, wenn wir schimpften und uns etwas vorsangen. Und manchmal, wenn die Last zu groß wurde, lagen wir zusammen im Freien und blickten einfach nur in den Himmel, bessere Tage herbeisehnend.

Verstehen Sie mich richtig: Penguin war kein Engel. Dafür kackte sie entschieden zu oft auf unseren Esstisch und die weißen Sofakissen. Aber wann immer sie auftauchte, hellte sich meine Stimmung auf, und stets brachte sie mich zum Lächeln. Ich weiß, dass ihr der beschädigte Flügel heftige Schmerzen bereitete, und doch gab sie ihre Flugversuche nie auf. Wie viele Male habe ich den Atem angehalten, wenn sie sich unbeholfen von einem Möbelstück in die Luft erhob und wie ein betrunkener Staubwedel gegen die nächste Wand klatschte!

Und als sie endlich all ihre Verletzungen überwunden hatte und zum ersten Mal richtig flog, schwang sich auch mein Herz auf. Ihr Jungfernflug fand in unserem Wohnzimmer statt und entzückte die ganze Familie. Kurz darauf flog sie nach draußen und eroberte sich den Himmel, als wäre sie dafür geboren – was sie natürlich auch war. So glücklich hatte ich mich schon eine Ewigkeit nicht mehr gefühlt.

Penguin war der lebende Beweis dafür, dass Hoffnung zu Realität werden kann – ausreichend Liebe, Unterstützung und harte Arbeit vorausgesetzt. Und während ich für Penguin sorgte und ihr so viel Liebe und Zuwendung gab, wie mir möglich war, konnte ich plötzlich auch begreifen, was meine Familie und meine engsten Freunde mir die ganze Zeit gesagt hatten – ich war nicht nutzlos, ich konnte etwas ausrichten. Und somit hatte mein Leben immer noch eine Bedeutung und einen Zweck.

Wenn ich Penguin beim Fliegen beobachtete, motivierte mich das dazu, jeden Tag mehr Energie in meine eigene körperliche Regeneration zu stecken. Ich begann mich danach umzuschauen, wie ich stärker, fitter und beweglicher werden konnte. Ebenso ermutigten mich Penguins Krächzer und Melodien dazu, selbst häufiger auszusprechen, was ich wollte und brauchte; sie zeigten mir, wie wertvoll es war, positive Gedanken und Gefühle mit anderen zu teilen. Ich beschloss, mich nur noch so oft zu beklagen wie Penguin – also nie.

Penguin blieb fast ständig an meiner Seite und wachte über mich und meine Familie. Wenn Fremde an die Tür pochten oder wohlmeinende, aber gedankenlose und lästige Gutmenschen in meinen persönlichen Raum eindrangen, machte Penguin ihnen klar, dass sie nicht erwünscht waren. Einmal scheuchte sie eine respektlose Krankenschwester, die zum Hausbesuch gekommen war, zur Tür hinaus.

Penguin war meine Heldin; sie wollte stets das, was am besten für mich war, und deshalb erlaubte sie mir auch nicht, in Selbstmitleid zu schwelgen. Sie trieb mich ständig dazu an, aktiv zu werden, und beschämte mich durch ihre Unermüdlichkeit. So wie sie stärker wurde, wurde auch ich stärker. Wir teilten unsere Siege miteinander, die großen wie die kleinen.

Die kleine australische Elster, deren Leben nur noch an einem seidenen Faden hing, als wir sie gefunden hatten, war zu unserer mutigen und liebevollen Beschützerin geworden – und für mich zu einer echten Inspirationsquelle. Mit ihrem glänzenden Gefieder und dem blanken Schnabel hätte ich sie eine Himmelsgöttin nennen mögen, wäre da nicht das heillose Durcheinander gewesen, das sie überall im Haus anrichtete, und hätte sie nicht unzählige Male ihre großen Brüder gehackt und gekratzt oder mir den Teebeutel aus der Tasse stibitzt.

Penguins vollständige Verwandlung erinnerte mich täglich daran, dass wir nicht unsere Vergangenheit sind, egal, wie traumatisch oder lebensverändernd diese auch aussehen mag. Und obgleich es vermutlich für jeden anderen offensichtlich war – ich selbst habe am Anfang nicht begriffen, dass ich, indem ich Penguin beim Gesundwerden half, auch meine eigene Heilung voranbrachte. Ich hatte gedacht, ich würde ihr Leben retten, aber in Wahrheit rettete sie meins.

Die Sorge um diesen albernen kleinen Vogel verschaffte mir ein Ziel und machte mich glücklich, und dies ermöglichte mir, auch schwierigere Aufgaben mit einer positiven Einstellung anzugehen. Anders als die meisten Leute frage ich mich beim Aufwachen nicht, ob es wohl ein guter oder ein schlechter Tag wird. Er wird immer schlecht werden, wenn ich nicht aktiv daran arbeite, dass er gut wird. Und nichts gibt einem ein so gutes Gefühl, wie anderen Menschen zu helfen.

Was Penguin getan hat, hätte kein Arzt vermocht: Sie hat mich dazu gebracht, meinen lahmen Hintern hochzubekommen (wenn auch nur im übertragenen Sinne).

Sie hat mich gelehrt, ein besserer Mensch zu sein.

Meine vielen Versuche, Penguin zu erhaschen, gaben mir ein wenig von meiner Schnelligkeit zurück, und im Laufe der Zeit gewann ich auch im Umgang mit anderen Menschen etwas mehr Selbstvertrauen. Jetzt begann ich endlich, für Cams ständige Ermunterungen ein offenes Ohr zu haben, und war bereit, neue Dinge auszuprobieren. Manchmal war es ein Erfolg, manchmal auch nicht, aber wenigstens kam ich auf diese Weise nach draußen.

Meine alten Freunde mied ich nach wie vor; ich fühlte mich einfach wohler, wenn ich mit Menschen zusammen war, die mich vor dem Unfall nicht gekannt hatten. Für sie war es so, als wäre ich schon im Rollstuhl geboren worden, und das kam mir gelegen. Ich hasste es, daran erinnert zu werden, wer ich einmal gewesen war, und ich war noch zu verletzlich, um mit unsensiblen Fragen oder ungefiltertem Mitleid zurechtzukommen.

Wir Menschen sind seltsam: Allzu oft vergessen wir, welche Wirkung unsere Worte haben können, besonders dann, wenn die Neugier unser Mitgefühl übersteigt. Ich musste an mir selbst erfahren, dass selbst noch die netteste Person dem Leid des anderen gegenüber blind sein kann und ihn ungewollt verletzt. Meist schauen die Leute lieber über einen hinweg, als eine schwierige Begegnung zu riskieren, aber manchmal beschließen sie auch, nur den »Krüppel im Rollstuhl« zu sehen und nicht ein Individuum, das darum kämpft, aus einer furchtbaren Situation das Beste zu machen. Und in manchen Leuten lässt der Anblick eines Rollstuhls eine frohgemute Wissbegierde erwachen, die eigentlich von tiefem Schaudern herrührt. Dann fühlen sie sich bemüßigt, besonders taktlose, unverschämt bohrende und intime Fragen zu stellen, wie sie sonst niemandem auch nur im Traum über die Lippen kämen. Nur ein paar Beispiele:

Frage: Wie gehen Sie eigentlich auf die Toilette?
Antwort: Im Prinzip genauso wie ein Patient im Krankenhaus oder im Pflegeheim – aber gehen solche privaten Dinge Sie etwas an?

Frage: Was erhoffen Sie sich in puncto Genesung?
Antwort: Ich hoffe, dass eines Tages der Geist von David Bowie an meinem Bett erscheint, mein kaputtes Rückgrat berührt und mich wieder ganz macht.

Frage: Was fehlt Ihnen am meisten?
Antwort: Das Laufenkönnen, die Kontrolle über meine Blase und Orgasmen … nicht immer in dieser Reihenfolge.

Frage: Möchten Sie, dass meine Familie und ich für Sie beten?
Antwort: Oh, das wäre wirklich nett von Ihnen, aber ich wäre Ihnen sehr dankbar, wenn Ihre Familie außerdem noch über eine Spende an SpinalCure Australia nachdenken würde. Eines Tages werden Rückenmarksverletzungen nämlich heilbar sein, und dieser Tag rückt immer näher. Bei der Behebung anderer komplexer Nervenschädigungen gibt es bereits große Fortschritte. Bis das Penicillin entdeckt wurde, reichte oft schon ein winziger Splitter, damit man den Leuten ein Glied amputieren musste; manche starben sogar daran. Eines Tages könnte die Wiederherstellung von Nervenbahnen fast so einfach sein wie das Verschreiben eines Antibiotikums. Ich weiß, dass die Mediziner, die bei SpinalCure Australia mit aller Kraft nach einer Heilungsmöglichkeit für Rückenmarksschädigungen suchen, Ihre Gebete wirklich schätzen, aber Ihre Spende würde dafür sorgen, dass ihnen bei der Arbeit nicht das Licht ausgeknipst wird.

Frage: Haben Sie manchmal das Gefühl, es wäre besser gewesen, wenn Sie gestorben wären?
Antwort: Ich wünsche mir jedenfalls, einer von uns beiden wäre tot.

Frage: Wenn Sie zurückblicken – was hat die Tatsache, dass Sie gelähmt sind, Ihnen Positives gebracht?
Antwort: Gar nichts. Null. Nicht den kleinsten Krümel.

Okay, damals habe ich keinen dieser Sätze wirklich ausgesprochen, aber ich wünsche mir manchmal, ich hätte es getan, statt gedemütigt und schweigend zusammenzuschrumpfen. Außerdem ist meine letzte imaginäre Antwort nur zur Hälfte wahr. Ich wünsche meine Behinderung niemandem auch nur für eine Minute; ständiges Leiden hat mich nicht zu einem besseren Menschen gemacht. Und doch hat es mir einen neuen Blickwinkel auf das Menschsein ermöglicht, eine Perspektive, aus der ich Folgendes sehe:

Es gibt auf unserem Planeten eine Menge gedankenlose Leute. Leute, die beim ersten Hinschauen ganz anständig wirken, aber die so eingesponnen sind in ihr eigenes Leben, dass sie nicht erkennen, wie gebrochen andere Menschen sind, wie sehr sie leiden. Sie sind auch nicht bereit, irgendwelche nennenswerten Anstrengungen zu unternehmen, um ihre Worte oder Taten so zu verändern, dass nicht nur sie selbst etwas davon haben. Katholiken würden von einer »Unterlassungssünde« sprechen, aber ich bin nicht katholisch, und so sage ich nur, dass diese Leute nicht über ihre eigene Nasenspitze hinausschauen können – und das macht sie unsagbar grausam.

So war ich, als ich meinen Tiefpunkt erreicht hatte, an dem nicht nur mein Körper zerbrochen war, sondern auch mein Geist.

Es gibt gleichfalls jede Menge düster vor sich hin brütender Trottel, die sich weigern, von der unendlichen Liebe und Schönheit, die unsere Welt zu bieten hat, auch nur den kleinsten Zipfel zu ergreifen. Durch solch mutwillige Selbstsabotage werden sie zu ihren eigenen schlimmsten Feinden – und anderen Menschen zu einer Last.

Ja, auch das war ganz eindeutig ich.

Aber es gibt auch andere, und zwar in reicher Zahl, die so unglaublich gütig und großzügig sind, dass man durch sie den Glauben an die Menschheit und alle Lebewesen wiedererlangt. Vor meinem Unfall war ich eine echte Optimistin. Ich wusste schon, dass die Welt eine Menge gute Menschen beherbergt, aber selbst ich hatte keine Ahnung, dass *so* viele wahrhaft gut sind. Menschen, die über den Tellerrand ihrer eigenen Probleme hinausschauen, um anderen zu helfen, denen es noch schlechter geht. Ganz gewöhnliche Männer und Frauen, die Tag für Tag außergewöhnlich selbstlos handeln und dafür keine Gegenleistung erwarten. Menschen, die das Beste von sich selbst nehmen und es mit möglichst vielen anderen teilen.

Ich versuche, ein solcher Mensch zu sein.

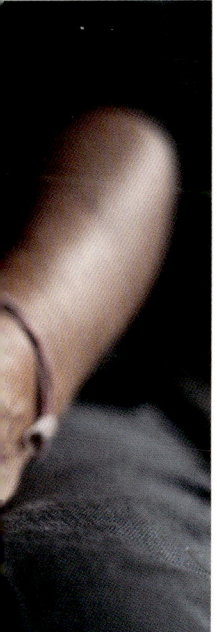

Penguin hat mir die Augen geöffnet und das Herz. Sie half mir, mein bestes Ich zu sein – oder zumindest viel seltener mein schlechtestes.

Ich hatte nicht so viel Energie wie Penguin, aber ich tat, was mir möglich war, um körperlich und mental aktiv zu sein. Jetzt fühlte ich mich bei fast allem besser. Ich kam besser mit den Rückschlägen und Schwierigkeiten zurecht, bei denen ich sonst von Schmerz, Zorn und Verzweiflung überflutet worden war. Die Idee, dass frische Luft sowie körperliches und geistiges Training gut fürs Wohlbefinden sind, ist natürlich alles andere als originell, aber für mich bedeutete es einen gewaltigen Unterschied.

Durch unablässige Anstrengungen wurde ich langsam – aber wirklich *langsam* – sowohl seelisch als auch körperlich stärker. Mit der Zeit öffnete ich mich neuen Herausforderungen, die wiederum zu neu gewonnenem Glück führten, selbst wenn nicht alle gleich von Erfolg gekrönt waren.

So sehnte ich mich brennend danach, wieder in den Ozean einzutauchen und damit an den Ort meiner Glücksgefühle zurückzukehren. Aber leider lief es beim ersten Versuch nicht gut. Fast augenblicklich bekam ich es im Wasser mit der Angst zu tun. Da ich meine Beine nicht einsetzen konnte, fand ich es schwer, mich aufrecht zu halten – schon der kleinste Wellengang warf mich hin und her. Ich konnte nicht unter die Wellen tauchen, konnte mich nicht durch das Weißwasser schieben oder gegen die Strömung ankämpfen. Mein Selbstvertrauen sank wie ein Stein.

Ohne Kontrolle über meine Brustmuskeln konnte ich die Last des Meeres auf meiner Lunge nicht ertragen, und das Atmen fiel mir extrem schwer. Die Muskeln in meinem Oberkörper verkrampften – unwillkürliche und schmerzhafte Kontraktionen, die mich völlig unerwartet trafen. Ich hatte beinahe das Gefühl, dass sich die Gurte des Spineboards wieder um meine Rippen spannten, und diese schreckliche Empfindung verängstigte mich und brachte mich aus der Fassung. Ich flehte Cam an, mich auf kürzestem Weg nach Hause zu bringen.

Es ist schwer zu ertragen, wenn wir plötzlich merken, dass sich unser Heiligtum gegen uns wendet.

War es auch zu viel für mich, *im* Wasser zu sein, so glaubte ich doch, wenigstens *auf* dem Wasser noch Freude haben zu können, und so versuchte ich es mit Kajakfahren – ein Vorschlag, der mir bereits auf der Reha-Station gemacht worden war und für den sich mein wunderbarer Ehemann, der mich nicht verloren geben wollte, immer wieder eingesetzt hatte.

Zuerst war es wirklich entnervend, ich will Ihnen gar nichts vormachen. Ich sah mich schon ertrinken, eingeschnürt in ein gekentertes Kajak. Aber als ich erst einmal den Dreh raushatte und begann, mit relativer Leichtigkeit über die Narrabeen Lakes zu gleiten, spürte ich, dass ich eine Betätigung gefunden hatte, bei der ich mich wieder richtig lebendig fühlen konnte.

Körperlich brachte mir das Kajakfahren erstaunlich viel, auch wenn ich beim Paddeln nur Arme und Schultern einsetzen konnte. Kraft, Ausdauer, Beweglichkeit und Gleichgewichtsgefühl verbesserten sich enorm. Aber es war noch mehr: Die Anstrengung half mir, ein paar Dämonen auszuschwitzen, und allein die tollen Ausblicke auf die Landschaft waren die beste Therapie, die ich je hatte, und schenkten mir inneren Frieden. Der Aufenthalt draußen auf dem Wasser befreite mich aus meinem persönlichen Rollstuhlgefängnis – ich war wieder in der Natur und kam aus eigener Kraft voran.

Ich hatte meine Selbstständigkeit zurückerlangt.

Mein Vater hatte ja geglaubt, die größte Belohnung für harte Arbeit sei, dass man danach den Sonnenschein genießen dürfe, und das erwies sich als wahr – nachdem ich zwei Titel in meinem Bundesstaat und zwei weitere auf nationaler Ebene gewonnen hatte, wählte man mich für das australische Parakanuten-Team aus, und ich reiste zu den Weltmeisterschaften nach Italien. Das war ein wunderbares Erlebnis, nicht nur, weil es meine erste Auslandsreise seit Thailand war, sondern auch, weil Cam mit unseren Jungs nachkam und wir nach den Wettkämpfen gemeinsam Urlaub in Rom machten – der Stadt, in der unsere romantischen Globetrotter-Abenteuer vor rund 20 Jahren begonnen hatten.

Als wir aus Italien zurückkehrten, war Penguin weitergezogen. Sie war jetzt voll ausgewachsen, und es war Zeit für sie, sich irgendwo ein eigenes Nest zu bauen und ein Revier abzustecken. Wir vermissten sie schrecklich und vermissen sie noch heute, aber es macht mich auch froh, dass sie schließlich ihren eigenen Platz in der Welt gefunden hat, und ich bin dankbar, dass sie mir half, meinen zu finden.

Nach Penguin haben wir noch viele verletzte und elternlose Vögel gerettet und aufgepäppelt, aber es wird nie wieder einer so sein wie sie. Penguin betrat und verließ unsere Lebensbahnen genau zur richtigen Zeit. Ich bin kein besonders spiritueller Mensch, aber wenn Sie mir sagen würden, dass Penguin ein Engel in Vogelgestalt war, würde ich Ihnen wahrscheinlich glauben. Aber auch dann noch würde ich gern wissen, warum ein Engel dauernd auf meine weißen Sofakissen kacken musste!

Obgleich ich den Nervenkitzel bei den großen Kajakwettkämpfen durchaus liebte, ging es mir in Wahrheit vor allem darum, wieder im Wasser zu sein; ich wollte mich wieder wie mein früheres Ich fühlen. Der größte Gewinn aus dem Kajaksport war für mich nicht irgendein bestimmter Sieg; er lag vielmehr darin, dass ich stark und mutig genug wurde, um in den Ozean zurückzukehren. Das tat ich schließlich auch. Und nachdem ich über Jahre hinweg geglaubt hatte, nie wieder surfen zu können, bin ich jetzt endlich wieder auf einem Surfboard – dort, wo ich hingehöre.

Es funktioniert nicht perfekt, bei Weitem nicht – ich muss mich hinlegen, statt auf dem Brett zu stehen, Turns sind nur eingeschränkt möglich, und ich brauche immer jemanden, der mich auf eine Welle schiebt. Aber dass ich überhaupt mit meinem Mann und unseren Kindern surfen kann, erfüllt mich mit Freude. Es hat unsere Familie noch enger zusammengeführt, und so beklage ich mich nicht.

Dank Penguin habe ich aufgehört, nach innen zu blicken und meine Ängste, meine Fehler und meine Reue immer wieder zu durchleben. Ich versuche stattdessen, meinen Blick auf die Welt um mich herum zu richten, die Schönheiten und Wunder des Alltags zu würdigen und auch die Nöte anderer Menschen anzuerkennen. Wenn jemand nicht im Rollstuhl sitzt, bedeutet das noch lange nicht, dass ihm ein leichtes oder glückliches Leben garantiert wäre.

Dank Penguin halte ich mich nicht so lange mit dem auf, was ich *nicht* kann; ich suche lieber nach Dingen, die mir möglich sind. Und ich schaue auch, was ich für andere tun kann. Penguins wichtigste Lehre für mich war: Wenn etwas hoffnungslos zu sein scheint, bedeutet das noch nicht, dass es auch wirklich hoffnungslos ist.

Die Geschichte mit Penguin war etwas so Besonderes, dass wir sie nicht für uns behalten wollten, und so teilten wir sie in *Penguin Bloom* mit anderen Menschen. Vielleicht haben Sie das Buch ja schon gelesen. Ich nehme an, dass es sehr viele Leser hatte, denn ich bekomme täglich schöne E-Mails aus der ganzen Welt.

Ehrlich gesagt, habe ich zunächst ein wenig gezögert, in den Entstehungsprozess mit einzusteigen – ich war noch nicht ganz bereit, mich zu öffnen und auf all die schrecklichen Augenblicke, die ich so gern vergessen hätte, noch einmal zurückzukommen. Erst ungefähr einen Monat nachdem Cam und der Autor, unser lieber Freund Bradley Trevor Greive, die Arbeit am Buch begonnen hatten, sprach ich mit BTG ausführlich über das, was ich durchgemacht hatte. Aber als ich erst einmal begonnen hatte, wurde es einfacher. Ich spürte, wie meine schwere emotionale Panzerung von mir abfiel, und wollte gar nicht wieder aufhören; ich gab ihm Einblick in mein Tagebuch und in Hoffnungen und Ängste, die ich bisher nur vor Penguin laut ausgesprochen hatte. Jeden Tag skypte ich stundenlang mit BTG – in jenem ersten Jahr kamen fast 2000 Stunden zusammen –, und er bemühte sich nach Kräften, in meinen zersprungenen und verrückten Schädel zu kommen, um so gut wie möglich zu begreifen, was es bedeutete, ich zu sein. Und ich wiederum gab mein Bestes, um das Unbeschreibliche am Gelähmtsein dennoch zu beschreiben.

BTG hatte selbst 20 chirurgische Eingriffe hinter sich und konnte sich in meine Lage gut einfühlen, aber schon bald gelangten wir in Bereiche, die jedem, der keine Rückenmarksverletzung erlitten hat, völlig unbekannt sind. Deshalb waren viele unserer Gespräche für beide Seiten sehr schwierig. Wenn ich über die harte Zeit sprach, die ich hatte durchstehen müssen und noch immer durchstehen musste, fühlten sich meine Lähmung und meine Phantomschmerzen mit einem Mal wieder unerträglich aktuell an. Nachdem bestimmte Themen zur Sprache gekommen waren, fiel es mir schwer, mich wieder aufzurichten, und manchmal konnte ich hinterher nicht schlafen – scheußliche Albträume stellten sich wieder ein, nachdem ich alte Wunden aufgerissen hatte. An manchen Tagen war ich von der Erörterung meiner Handicaps so erschöpft, dass ich Cam bat, mir im Vorgarten aufs Trampolin zu helfen, wo ich den restlichen Nachmittag nur noch herumlag. Oft saß Penguin an meiner Seite, oder sie hockte sich schützend über meinen schmerzenden Kopf wie eine beruhigende Wärmepackung.

Aber es gab auch eine positive Seite. Ich erinnerte mich wieder an all die schönen Dinge vor und nach meinem Unfall. Mir wurde zunehmend bewusst, welche Rolle Penguin, meine Familie und so viele Freunde und Unbekannte spielten, die mir geholfen hatten, mit meinem Leben voranzukommen. Nun konnte ich das besser würdigen. Ich sah auch ganz klar – zum ersten Mal vielleicht –, welch weiten Weg ich seit meinem Unfall in Thailand zurückgelegt hatte. Damit will ich nicht zu verstehen geben, dass die Mitarbeit an einem Buch eine klinisch bestätigte Form der Traumatherapie wäre, aber mir half sie, ein hässliches Knäuel aus Erinnerungen und Gefühlen zu entwirren, und sie rief mir ins Gedächtnis, dass ich noch immer die Kontrolle über meine eigene Lebenserzählung habe.

Das fertige Buch war ein Schmuckstück. Ehrlich, unverstellt und von Herzen kommend – ein Liebesbrief in Text und Bild von meinem Mann und noch so viel mehr. Ich war tief bewegt, als ich es zum ersten Mal las, und wenn ich es wieder aufschlage, geht es mir immer noch so. Aber so wundervoll unser Buch auch war und ist – ich war nicht im Geringsten auf das Echo vorbereitet, das es bei seiner Veröffentlichung bekam. Das hatte damit zu tun, dass ich es eher als privates Projekt empfand und nicht so sehr als öffentliches Statement. Sobald ich mir vorstellte, dass andere Menschen es lasen, hatte ich widerstreitende Gefühle; ich war wirklich stolz auf das, was wir da zustande gebracht hatten, aber bei dem Gedanken, dass andere Leute solche intimen Details lasen, war mir auch ein bisschen mulmig zumute. Es war so, als würden sich Gäste bei mir einfinden, während alle meine Unterwäsche auf der Leine trocknet.

Die Aufmerksamkeit, die uns zuteilwurde, war überwältigend, aber auf eine ganz unerwartete Weise. Als schüchterne Person ziehe ich es vor, öffentlich unsichtbar zu sein – erst recht seit meinem Unfall. So fiel es mir nicht leicht, mich auf Menschen einzustellen, die mich erkannten, und erst recht nicht auf fremde Besucher. Aber ich bemerkte eine wunderbare Veränderung in der Art und Weise, wie mich Unbekannte ansprachen – statt Mitleid zeigte man mir jetzt Dankbarkeit. Statt dass die Leute auf Zehenspitzen um meine Lage herumschlichen oder mich mit süßlichen Plattitüden und Mitleid überhäuften, dankten sie mir dafür, meine Geschichte mit ihnen geteilt zu haben. Sie erzählten mir, wie es ihnen oder einem geliebten Angehörigen geholfen hatte, von unseren Erfahrungen zu lesen. Eine solche Reaktion war alles, was wir uns erhofft hatten.

Und dann begann alles ein bisschen verrückt zu werden.

Fotografen, Filmemacher und Journalisten aus der ganzen Welt standen plötzlich vor unserer Tür und hofften, mit uns reden und Penguin begegnen zu können. Hilfsorganisationen für Menschen mit Rückenmarksschädigungen wollten, dass wir uns noch stärker engagierten als bisher. Andere Überlebende einer Rückenmarksverletzung wandten sich Rat suchend an mich oder wollten, dass ich ihnen das Kajakfahren beibringe; Freunde, die ich längst aus den Augen verloren hatte, nahmen wieder Kontakt mit mir auf, und es gab eine nicht abreißende Kette von Leuten, die mir alles Gute wünschten. Seltsamerweise hatte ich mit all dem nicht die geringsten Probleme. Einige Interviews fand ich ein wenig stressig, denn ich hasse es, im Scheinwerferlicht zu stehen, aber solange die Medienvertreter ihre Aufmerksamkeit auf das Buch konzentrierten, auf Penguin und auf das Einwerben von Aufmerksamkeit und Geld für Hilfsorganisationen, fühlte ich mich richtig gut. Das Einzige, was mich beinahe fertigmachte, war die Bitte, vor Publikum zu sprechen.

Zuerst absolvierte ich in Krankenhäusern und Reha-Zentren ein paar einfache Frage-Antwort-Runden mit Leidensgenossen und medizinischem Personal, dann Auftritte vor kleinen Gruppen in Buchläden und schließlich vor einem größeren Publikum auf Literaturfestivals. Cam war jedes Mal mit dabei und half mir, die Veranstaltungen durchzustehen, ohne in Panik zu verfallen.

Aber als die Zeit für meinen ersten Solo-Auftritt gekommen war – eine einstündige Rede vor zahlreichen Zuhörern –, war es wieder ganz anders. Egal, wie oft ich die Präsentation einübte, ich konnte meine Nerven nicht im Zaum halten. Am Morgen des Veranstaltungstages fühlte ich mich körperlich krank, und kurz bevor ich auf die Bühne musste, zitterten mir die Hände, und mir war speiübel. Trotz wochenlanger Vorbereitung brach ich am Ende meines Vortrags zusammen; ich würgte die Wörter mühsam hervor, und meine Augen füllten sich mit Tränen. Es war mir peinlich, aber als die Saalbeleuchtung anging, sah ich, dass das Publikum genauso weinte wie ich.

Vor meinem Unfall und vor Penguin hätte ich nicht im Traum daran gedacht, dass ich es einmal wagen könnte, vor einem Publikum zu reden. Schon zu einer einzigen Person zu sprechen, ist mir immer schwergefallen, und waren es zwei zur gleichen Zeit, machte mich das zu einem Nervenbündel. Aber obwohl es mir schreckliche Angst einjagte, dicht gefüllte Zuschauerreihen vor mir zu haben, merkte ich doch sofort, dass ich auf diese Weise alles, was ich gelernt hatte, sehr wirkungsvoll mit anderen teilen konnte. Ich war entschlossen, besser darin zu werden. Doch ich wusste auch, dass noch ein langer Weg vor mir lag.

Das führt mich zu dem Augenblick, an dem ich beschloss, meine Geschichte in diesem Buch zu erzählen. Eigentlich war es eine Kombination aus zwei Momenten, die etwa zwei Jahre auseinanderlagen.

Die erste Sache passierte im Winter, ein Jahr nach Penguins Fortgang, während eines willkommenen Familienkurzurlaubs im Landhaus eines Freundes, gleich hinter den Blue Mountains. Kaum waren wir angekommen, packten wir unsere Sachen aus und gingen die nahegelegenen Farmen erkunden. Ich hatte dort auch meine erste Fahrt auf einem Quad, was mir viel Spaß machte. Bei unserer Rückkehr war es schon beinahe dunkel. Im Wetterbericht hieß es, es könnte schneien, und ich war bis auf die Knochen durchgefroren. Zum Glück hatte unser kleines temporäres Zuhause einen hübschen Kaminofen; die Jungs schafften Kleinholz herbei und brachten es zum Brennen. Schon bald saß ich am Feuer, schlürfte einen heißen Tee und fühlte mich unglaublich behaglich und dankbar. Es war genau das, was ich brauchte.

Später am Abend, als es Zeit zum Schlafengehen war, half mir Cam dabei, die Sachen auszuziehen, damit ich duschen konnte. Als er meine schlammbespritzten Jeans hinunterstreifte, hielt er plötzlich inne, riss die Augen weit auf und murmelte ein finsteres »O nein«. Mein linkes Bein war purpurrot und angeschwollen wie von einem schlimmen Sonnenbrand, und sofort war uns beiden klar, dass ich zu dicht am Feuer gesessen hatte. Gleich danach kam uns der sehr unerfreuliche Gedanke, dass das andere Bein den Flammen sogar noch näher gewesen war, und wir bereiteten uns auf das Schlimmste vor. Das war auch besser so.

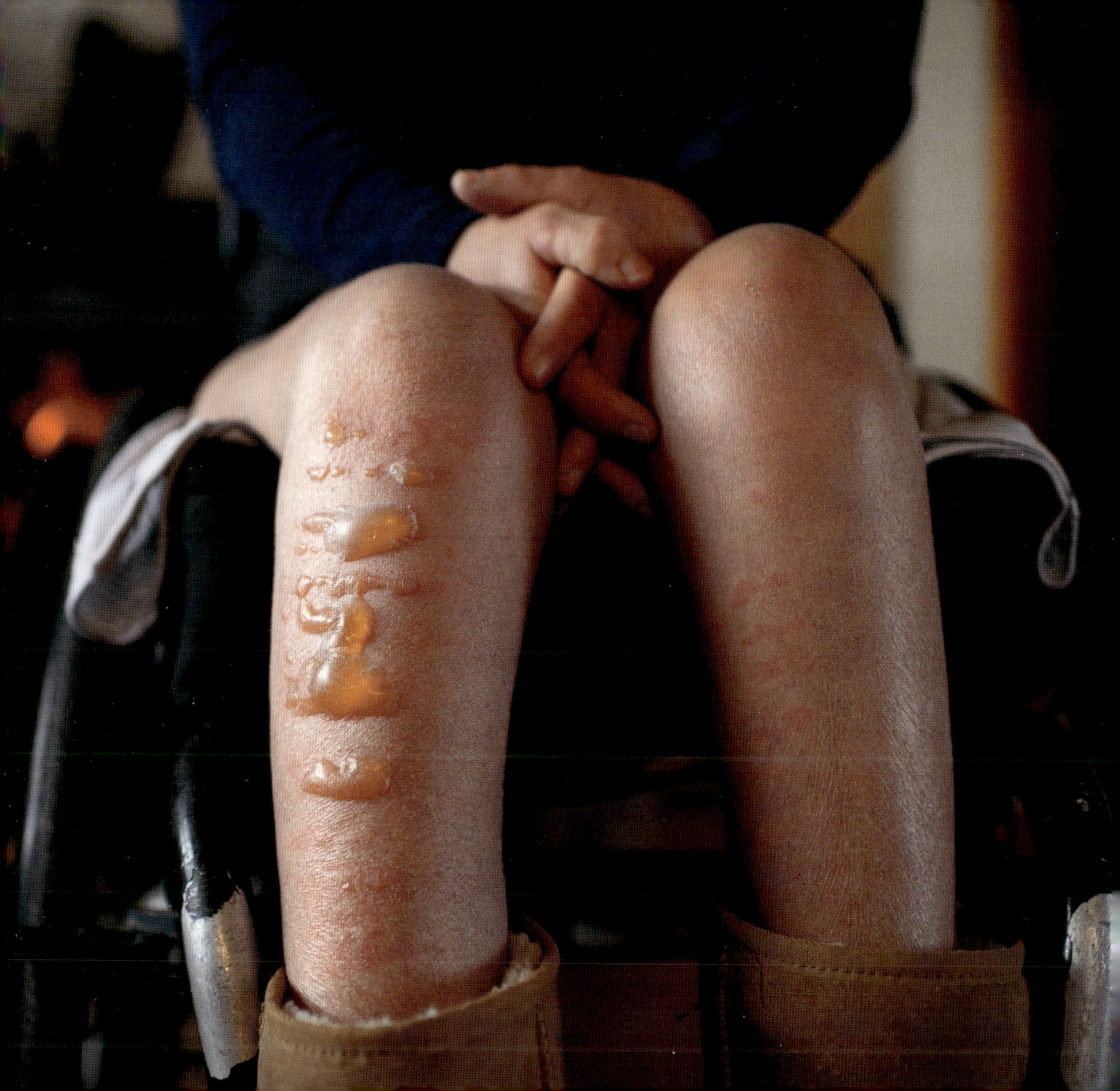

Als Cam die Jeans langsam und vorsichtig an meinem rechten Bein hinabzog, bot sich uns ein hässlicher Anblick. Die Hitze des Feuers hatte meine Haut heftig versengt und mir am Unterschenkel Verbrennungen dritten Grades zugefügt. Wieder einmal musste man mich am ersten Tag eines Familienurlaubs ins Krankenhaus fahren, und erneut hatte ich eine Hauttransplantation vor mir.

Ich fühlte mich so dämlich und hilflos, eine jämmerliche Last für meine Familie und eine Gefahr für mich selbst. Als ich aus der Klinik entlassen wurde, durfte ich weder irgendwelchen Sport treiben noch nass werden – einmal mehr war ich auf erbärmliche Weise an Bett und Rollstuhl gefesselt. Ich hatte auch das große Talent, jeden in meiner Umgebung in eine genauso elende Stimmung zu versetzen. War es dies, was mir in Zukunft winken sollte – ständige Verletzungen und gesundheitliche Sorgen? Ich konnte mir gut ausmalen, wie todunglücklich ich sein würde, wenn die Neurochirurgen eines Tages mein Rückenmark wiederherstellten, sodass ich theoretisch laufen könnte, man mir bis dahin aber schon die Beine amputiert hatte, weil es zu Komplikationen mit entstellenden Wunden wie diesen gekommen war. Wie aufs Stichwort durchfluteten mich wieder Selbstmordgedanken.

Anderthalb Jahre später war ich an einem Sommertag am Strand, und einer unserer Nachbarn, Tom Carroll, ehemaliger Doppelweltmeister im Surfen, half mir auf eine kleine Welle. Nola Wilson, die Mutter des Profisurfers Julian Wilson, hatte mir einen tief empfundenen Brief geschrieben, in dem sie mich überzeugen wollte, zum Surfen zurückzukehren. Ihre Worte klangen so einleuchtend, dass ich beschloss, einen neuen Versuch zu wagen. Cam hatte die Initiative ergriffen und ein umgebautes Surfbrett beschafft, Tom leistete mir Starthilfe, und wir alle hielten den Atem an, als die Welle mich vorwärtsschob und ich davonsauste.

Zu meiner eigenen Überraschung liebte ich es – mein Gehirn wusste noch, wie man die Wellen lesen musste, auch wenn mein Körper es vergessen hatte. Nicht lange danach nahm ich, einfach nur zum Spaß, an meinem ersten Surfwettbewerb teil. Mir war ein bisschen bange, und ich habe nicht gewonnen, doch ich war nah dran. Für mich war es ein tolles Erlebnis, und ich habe dort einige wunderbare Menschen kennengelernt, die heute meine Freunde sind.

Zwei Monate später bekam ich eine unerwartete E-Mail vom australischen Surfverband, in der mir mitgeteilt wurde, dass man mich ins australische Nationalteam für Parasurfer aufgenommen hatte. Ich war zur Teilnahme an den Weltmeisterschaften im kalifornischen San Diego eingeladen.

Ich war überglücklich, und meiner Familie ging es genauso – weder ich noch die Jungs waren schon einmal in Amerika gewesen. Ich trainierte jeden Tag in der Brandung und im Fitnessstudio. Cam und ich machten uns Sorgen, wir könnten die Reise nicht bezahlen, aber mehrere großzügige australische Firmen packten mit an, damit ich absolut alles hatte, was ich brauchte, um mich auf höchstem Niveau mit anderen Sportlern zu messen. Es sollte tatsächlich wahr werden! Ich war total aufgeregt.

Als wir in San Diego landeten, schien die Sonne, und von da an wurde es immer noch besser. Die örtlichen Organisatoren waren unglaublich tolle Gastgeber, meine australischen Teamkollegen waren echt lustig und hochmotiviert, und abgesehen von wenigen stürmischen Nachmittagen waren die Surfbedingungen für mich die ganze Woche über perfekt. Am Schlusstag des Wettbewerbs wurde ich zur Weltmeisterin gekürt.

Als ich meine letzte Welle zum Ufer hin nahm, jubelten mir am Strand alle zu. Mein Team hob mich auf dem Surfbrett aus dem Wasser und hielt mich in die Höhe wie einen Kaiser oder ein halb ertrunkenes Menschenopfer – wählen Sie das Bild, das Ihnen passend scheint. Als ich meine drei Jungs entdeckte, strahlten sie von einem Ohr zum anderen. Die Freude und den Stolz auf ihren Gesichtern werde ich nie vergessen.

Weltmeisterin zu werden, war schon fantastisch, aber dass ich immer noch etwas vollbringen konnte, das meine Kinder stolz auf mich machte, war das unglaublichste Gefühl der Welt. Wenn Sie mir zwei Jahre zuvor, als mir die Ärzte Haut vom Oberschenkel ablösten, um damit mein verbranntes Schienbein zu verkleiden, gesagt hätten, dass ich es so weit bringen würde, hätte ich Ihnen garantiert nicht geglaubt.

Häufige Höhen und gelegentliche Tiefen – Diamanten und Schotter –, so sieht für fast jeden von uns die Lebensreise aus. Ich bilde da keine Ausnahme. Mag sein, dass meine Tiefen ein wenig tiefer sind als bei den meisten, aber vielleicht sind manche Höhen auch ein bisschen höher – wer kann das schon sagen? Wenn ich auf meinen Weg von der Verzweiflung zur Freude zurückblicke, bin ich beinahe schockiert darüber, dass sich in dieser vergleichsweise kurzen Zeit so vieles zum Besseren verändern konnte.

Und es ist diese Einsicht, die mich dazu inspirierte, meine Geschichte mit Ihnen zu teilen. Sehen Sie: Als ich mir das Rückgrat gebrochen hatte, gab es zwei Dinge, an die ich unbedingt glauben wollte – ja glauben musste, um überhaupt weitermachen zu können. Erstens, dass die Mediziner mit aller Kraft nach einem Weg suchten, mein Rückenmark zu reparieren, sodass ich eines Tages imstande sein würde, wieder auf eigenen Füßen zu stehen. Zweitens, dass mein scheußliches neues Leben auf irgendeine Weise besser werden könnte als zu Beginn – dass es nicht einfach nur erträglich war, sondern einen Punkt erreichte, an dem ich echten Lebenssinn und wahre Freude fand und wieder stolz sein konnte auf das, was ich war.

Und inzwischen ist mir eines klar:

Egal, wie elend Sie sich gerade fühlen und aus welchen Gründen auch immer, ich verspreche Ihnen, dass Ihr Leben wieder besser wird. Es wird Zeit und Mühe und Selbstvertrauen brauchen, und doch wird es besser werden. An manchen Tagen wird Ihre Seele ausgebrannt sein, und alles wird so aussehen, als wäre es verloren, und doch wird es besser werden. Und vielleicht wird der Tag, an dem Sie frei von Schmerzen sind, nie kommen, und doch wird es besser werden.

Verstehen Sie mich bitte nicht falsch: Mit der Behinderung habe ich nach wie vor nicht meinen Frieden gemacht. Und ich glaube nicht, dass sich das jemals ändern wird.

Ich bin durch meinen Unfall definitiv kein besserer Mensch. Ich habe keine höhere intellektuelle oder spirituelle Ebene erreicht, ich fühle mich nicht eins mit dem Universum und auch nicht mit meinem Rollstuhl. Wenn ich höre, dass jemand kräht, man solle »leben, ohne etwas zu bedauern«, rolle ich mit den Augen und murmele leise: »So ein Schwachsinn!«

Leben, das sind viele Dinge auf einmal, und manche davon sind einfach beschissen. Das Heilmittel dagegen lautet (in dem Maße, wie Heilmittel hier überhaupt wirken können): Man darf sich vom Elend der schlimmen Dinge nicht die Freude an den guten nehmen lassen. Und obwohl das viel leichter gesagt als getan ist, kann ich genau deshalb mein Gelähmtsein hassen und trotzdem dankbar dafür sein, immer noch zu leben. Ich kann wegen meiner Schmerzen und meiner Behinderung zutiefst unglücklich sein und trotzdem noch zu großen Glücksgefühlen fähig. Ich kann mich dafür schämen, meine beste Freundin von mir gestoßen zu haben, als ich depressiv war, und ich kann es genießen, diese Freundschaft wieder aufzubauen. Ich kann die Tragödie, die meine Familie vor sieben Jahren in Thailand traf, zutiefst bedauern und mich trotzdem auf das freuen, was das Leben mir noch zu bieten hat. Ich bin nicht sicher, ob »Gleichgewicht« das richtige Wort ist, aber auf jeden Fall läuft es nicht nach dem Grundsatz »Alles oder nichts«. Leben ist immer ein Gemisch aus Gutem und Schlechtem, und obgleich ich nicht behaupten kann, dass ich nicht leiden würde, finde ich in meinem Leben noch immer Freude und Sinnhaftigkeit.

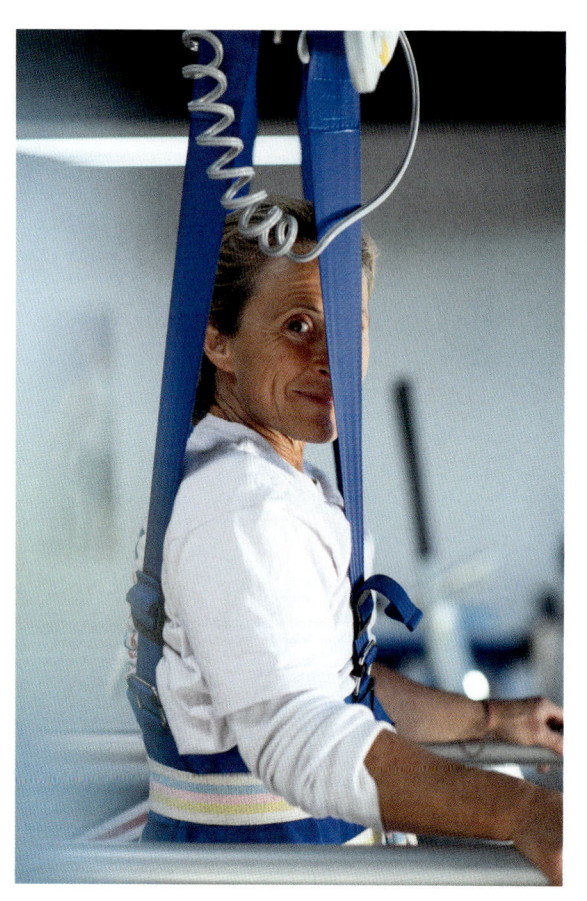

Und es funktioniert. Ich bin heute glücklicher, als ich es viele Jahre war. Ich bin das beste Ich seit Langem. Aber selbst an meinen besten Tagen gibt es Momente von Traurigkeit. Sehr selten fühle ich mich morgens beim Aufwachen großartig – eigentlich fast nie. Das liegt vor allem daran, dass die Schmerzen nie aufhören, und außerdem schaut niemand gern vor dem Frühstück auf verdrehte, leblose Glieder. Dann gibt es auch Nächte, in denen ich sogar noch davon träume, im Rollstuhl festzustecken, und das zieht mich immer herunter.

Aber es gibt auch Nächte, in denen ich träume, ich wäre die Frau, die ich einmal war; ich sehe vor mir, was sie jetzt tun würde, wenn sie an meiner Stelle wäre. Es ist so schön und aufregend … und wenn ich die Augen aufschlage, in den Spiegel schaue und sehe, dass ich es bin und nicht sie, dann ist das hart. Wirklich hart. Denn obgleich ich nicht so aussehe wie die starke und zuversichtliche junge Frau, die einmal durch die Simien-Berge in Äthiopien treckte, bin ich tief in mir immer noch sie. Ich will noch alles, was sie wollte. Will es noch viel mehr als sie damals.

Im Spiegel kann ich nicht immer mein wahres Selbst erkennen, aber ich sehe es in den Augen meines Mannes und unserer Jungs, die allesamt starke, liebevolle, mutige, mitfühlende und kreative Naturen sind und danach streben, die Welt zum Besseren zu verändern.

Wenn ich ins Stocken gerate und wieder in die Vergangenheit zu rutschen beginne (was oft vorkommt), dann bitte ich um Hilfe. Ich wäre tot, wenn man mir nicht geholfen hätte.

Und deshalb möchte ich heute auch anderen helfen können.

Ich habe drei Söhne, die mich brauchen, und ich habe nicht vor, sie im Stich zu lassen. Ich habe einen Ehemann, der mich liebt, und ich möchte für ihn da sein, so gut ich es kann. Ich bin dem Krankenhausteam, das mein Leben rettete, sehr dankbar, und ungeheuer viel Dank schulde ich auch meiner Familie und meinen Freunden, deren Liebe, Geduld und Zuspruch mir dabei halfen, voranzukommen, als ich das Gefühl hatte, nicht mehr weitermachen zu können. Ich möchte ihnen meine immerwährende Dankbarkeit auf eine sinnvolle Weise bekunden.

Und durch den Erfolg von *Penguin Bloom* kontaktieren mich Menschen aus aller Welt, die ebenfalls eine Rückenmarksschädigung erlitten oder andere schreckliche Tragödien durchgemacht haben. Sie suchen nach Hilfe, um aus ihrem schlimmsten Albtraum hinauszufinden, und ich möchte auch für sie mein Bestes geben.

Es gibt keinen Zaubertrick, keine Patentlösung, kein geheimes Rezept. Ich tue einfach, was ich kann, um mich selbst aufzufangen, und versuche, etwas Funktionierendes daraus zu machen. Es ist nicht immer hübsch, aber es hat mich dorthin gebracht, wo ich heute bin, und ich werde jetzt bestimmt nicht stoppen.

Und wenn ich an einem Tiefpunkt bin und anfange, mich selbst zu bemitleiden – was nicht selten geschieht –, dann denke ich an meine erste Reise durch Afrika zurück …

Wie ich ziemlich zu Beginn meiner Geschichte erwähnte, unternahm ich meine allererste Reise nach Westafrika auf eigene Faust. Ich hängte meinen Job als persönliche Krankenschwester von Lord Denning an den Nagel und flog von London in die senegalesische Hauptstadt Dakar. Dort schloss ich mich einer Expeditionstruppe an, die auf Lastwagen quer durch den Kontinent reiste.

Selbst im hintersten Winkel der Welt, ja noch darüber hinaus, werden Sie immer auf einige lebenslustige Australier treffen, die nur auf Sie warten. Dakar bildete keine Ausnahme. Es gab dort ein paar junge australische Reisende, die sich schon für die Expedition angemeldet hatten, und ich freundete mich rasch mit allen an. Unter ihnen war ein süßer und lustiger 26-Jähriger aus einem ländlichen Teil von New South Wales. Er hieß Antony und hatte – ähnlich wie ich – bis vor Kurzem in London gearbeitet. Antony träumte schon sein ganzes Leben davon, einmal die berühmten Berggorillas von Uganda zu sehen. Er war ganz aufgeregt bei dem Gedanken, dass er diesen Traum in wenigen Wochen endlich verwirklichen würde.

Es war nicht gerade die bequemste Reise; wir rumpelten endlose Stunden über holprige, unbefestigte Sträßchen und schmale Schnellstraßen voller Schlaglöcher, aber die englische Küche hatte mein Hinterteil zum Glück gut gepolstert, sodass es gerüstet war für das Abenteuer. Ich liebte es, die Städte und Dörfer zu erkunden, und sog alles, was neu für mich war, begierig auf. Ich liebte es, mit den Einheimischen zu sprechen, wobei ich das unbeholfene Schulmädchen-Französisch verwendete, das ich mir extra für diese Reise angeeignet hatte. Ich liebte es, auf den langen Sitzbänken zu hocken, die rechts und links auf der Ladefläche des Lastwagens entlangliefen. Wenn wir so durch die Gegend brausten, winkten wir allen Leuten zu wie glückliche Idioten. Ich hatte den Eindruck, durch die Seiten des *National Geographic*-Magazins zu fahren. Im Radio lief irgendwie immer Bob Marley. Ich liebte an dieser Reise einfach alles.

Nachdem wir Senegal verlassen hatten, bereitete uns ein Abstecher nach Mauretanien viel Vergnügen, und dann reisten wir nach Mali weiter – ein Land, das ich noch immer besonders mag. In der altehrwürdigen Stadt Djenné begrüßten uns die Frauen vom Volk der Fulbe. Sie waren hinreißend und steckten voller Gelächter. Ihre Kinder fanden, dass eine kleine australische Frau die perfekte Spielgefährtin für sie sei, und ich gab mein Bestes, um ihren Erwartungen gerecht zu werden. Unsere Route führte nach Osten bis an die nördlichste Windung des Flusses Niger und an den südlichsten Rand der Sahara. Einmal wurden in den Sanddünen plötzlich zwei Tuareg-Männer auf goldfarbenen Kamelen sichtbar. Sie trugen ihre traditionellen blauen Gewänder, ihre Köpfe und Gesichter waren von indigofarbenen Tagelmusts bedeckt, und sie starrten einfach durch uns hindurch. Im nächsten Moment waren sie schon wieder verschwunden. Dann peitschte aus allen Richtungen ein heftiger Sandsturm auf uns ein. Ich war einfach nur hingerissen.

Unser nächstes Ziel war Burkina Faso, ein westafrikanisches Land, dessen Name wörtlich bedeutet »Land der aufrichtigen Menschen«. Daher war es außerordentlich ironisch, dass mir gerade dort mein Tagesrucksack gestohlen wurde – samt Kamera, Portemonnaie und Travellerschecks. Alles Geld, das ich in England verdient hatte, war weg.

Mitten im Nirgendwo fühlte ich mich total erledigt, denn es gab für mich keinen Weg, meinen Roadtrip quer durch Afrika zu vollenden. Zum Glück konnte ich mit der Gruppe noch durch die Elfenbeinküste und Ghana fahren, denn für diese Teilstrecken hatte ich bereits bezahlt. Als wir aber in Togo ankamen, war das für mich die Endstation. Ich musste vom Lomé-Tokoin International Airport aus wohl oder übel nach London zurückfliegen.

Beim Abschied von Antony und meinen übrigen Reisegefährten, die mir alle enge Freunde geworden waren, versprach ich ihnen, mir einen neuen Job zu suchen, so viel Geld wie möglich zurückzulegen und unbedingt zu versuchen, in ein, zwei Monaten irgendwo in Ostafrika wieder zu ihnen zu stoßen. Es zerriss mir das Herz, als ich mit ansehen musste, wie der alte Lastwagen ohne mich davonrumpelte.

Während ich in England wieder als private Pflegekraft arbeitete, reisten Antony und unsere unerschrockenen Freunde nach Benin, Nigeria, Kamerun, in die Zentralafrikanische Republik, den Kongo und dann endlich nach Uganda weiter.

Als der Lastwagen die kongolesisch-ugandische Grenze überquerte und in Arua ankam, konnte Antony, wie man mir berichtete, kaum noch an sich halten, denn er wusste, dass er schon bald seine geliebten Berggorillas in freier Wildbahn sehen würde. Offenbar redete er an jenem Tag beim Abendessen von nichts anderem mehr – und selbst hinterher noch, als er in riesigen, knallbunten Plastikbottichen, die man neben dem Lastwagen auf hölzerne Klapptische gestellt hatte, das schmutzige Geschirr abwusch.

Antony hatte ein so gutes Herz und einen wirklich wunderbaren Sinn für Humor. Wenn ich die Augen schließe, sehe ich ganz deutlich, wie er lacht und wie seine Augen leuchten, während er mit seinen Kumpeln Töpfe schrubbt und Teller abtrocknet. Aber in diesem Moment warfen Terroristen – örtliche Rebellen oder möglicherweise eine paramilitärische Einheit aus dem benachbarten Ruanda – eine Handgranate auf meine Freunde, und sie ging genau dort hoch, wo Antony stand.

Antony verblutete noch am selben Abend, auf dem Weg ins Krankenhaus.

Er hat nie einen Berggorilla zu Gesicht bekommen.

Er ist nie 27 geworden.

Seine Mörder wurden nie gefunden oder vor ein Gericht gestellt.

Immer wenn ich spüre, dass ich dem Selbstmitleid nachgeben könnte, denke ich an Antony. Ich muss immer noch weinen, jedes Mal. Tränen wegen des Verlusts und Tränen der Dankbarkeit.

Es ist nicht nur, weil auch ich, wenn ich meine Freunde weiter begleitet hätte, bei dieser mörderischen Detonation schwer verletzt oder getötet worden wäre. Dabei ist mir diese Tatsache durchaus bewusst.

Es ist, weil mich der Kummer fast umwirft, wenn ich an Antony denke, wenn ich daran denke, dass jeden Tag junge Männer, Frauen und Kinder sterben, bevor sie überhaupt die Chance hatten, das zu verwirklichen, was sie sich für ihr Leben erträumten – bevor sie ihr Potenzial ausschöpfen, ihre Leidenschaft entdecken und auch nur einen Bruchteil der Dinge erleben konnten, die ich gesehen und getan habe.

Ich weiß, was echtes Leid bedeutet, aber wer bin ich denn, dass ich mich über die mir aufgezwungenen Lebensumstände beklagen dürfte, wenn Antonys Familie, seine Freundin und alle, die ihn kannten und liebten, alles dafür geben würden, dass er noch am Leben wäre oder dass er wenigstens noch ein Jahr gelebt hätte, einen Monat, eine Woche, einen einzigen Tag?

Der Sturz von einer Aussichtsterrasse gibt mir nicht das Recht, Ihnen zu irgendetwas Ratschläge zu erteilen (außer vielleicht den, dass man sich nie gegen ein Schutzgeländer lehnen sollte). Ich erhebe darauf auch gar keinen Anspruch.

Ebenso wenig kann ich Sie lehren, wie man Schmerzen und tiefe Niedergeschlagenheit überwindet, denn Schmerzen habe ich immer noch, und auch für mich gibt es weiterhin finstere Tage. Aber wenn Sie es mir erlauben, möchte ich Sie gern an etwas erinnern, von dem Sie schon immer wussten, dass es stimmt.

Leben ist etwas Zerbrechliches und Kostbares.

Alles und jedes kann Ihnen genommen werden, wenn Sie am wenigsten damit rechnen – und selbst wenn Sie völlig schuldlos daran sind.

Und Sie müssen gar nicht so einen schrecklichen Unfall erleiden wie ich, um sich verloren zu fühlen, unsichtbar, abstoßend oder zerbrochen. Wir alle stehen täglich vor unterschiedlichen Herausforderungen, und das Leben kann für jeden von uns hart und schmerzhaft sein.

Doch egal, was Ihnen widerfahren ist und wie viel von Ihrem Leben Sie vermissen – kämpfen Sie für alles, was Ihnen geblieben ist.

Gehen Sie dorthin, wo Ihr Herz Sie hinschickt. Sagen Sie den Menschen, dass Sie sie lieben.

Und wenn das Leben unerträglich scheint – tun Sie dennoch Ihr Bestes, um für die Liebe offen zu bleiben, selbst für die Liebe einer zerzausten kleinen Elster.

Es ist nicht leicht, aber es entscheidet alles.

Vertrauen Sie mir, ich weiß es.

Jeden Morgen, wenn ich aufwache, sterbe ich ein wenig.

Wie sehr ich mich auch dagegen sträube – ich muss immer an früher denken. Als ich noch ich war.

Ich trauere um das Leben, das mir genommen, das meiner Familie gestohlen wurde. Noch immer kann ich kaum glauben, dass alles so gekommen ist.

Aber dann denke ich daran, wie Lord Denning um seine Frau und seine Geschwister trauerte; ich denke an all die jungen äthiopischen Frauen, die verzweifelt darum ringen, von Dr. Catherine Hamlin behandelt zu werden; ich denke an die gebrochenen jungen Männer, die ich in der Rückenmark-Reha kennengelernt habe, und an Antonys unerfüllte Träume.

Und dann beginne ich zu leben.

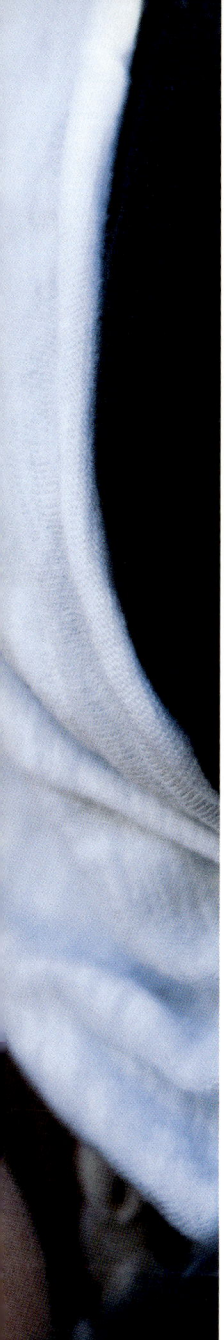

Für sie.

Für meine Familie und Freunde.

Für jeden, dem ich in meinem Leben begegnet bin oder eines Tages begegnen könnte.

Für mich selbst.

Denn man ist niemals zu alt, zu versehrt oder zu verloren, um nicht die Freuden und Wunder dieser Welt zu erfahren – und um die Dinge zu tun und zu sagen, die am meisten zählen.

Solange man lebt, sind auch die Träume lebendig.

Das genügt mir.

Sam Bloom

Epilog

Ein Brief an meine drei hübschen Jungs

Liebster Rueben, liebster Noah, liebster Oli,
   es tut mir so leid. So war es nicht geplant.
   »Hass« ist solch ein scheußliches Wort, aber kein anderes scheint mir richtig zu beschreiben, was ich angesichts meiner Lähmung fühle. Ich hasse es, nicht stehen zu können, nicht gehen zu können, nicht an den Strand hinunterrennen und mit euch surfen zu können, wie wir es früher gemacht haben. Ich hasse es, dass zwei Drittel meines Körpers für immer abgeschaltet sind. Aber was ich am meisten hasse – dass ich nicht mehr die Mutter bin, die ich einmal war, nicht die Mutter, die ich sein möchte, und ganz eindeutig nicht die Mutter, die ihr verdient habt.
   Wir waren damals alle so glücklich; ich hätte mir nie ausgemalt, dass das Leben so perfekt sein kann. Mag sein, dass ich es irgendwann für selbstverständlich genommen habe – nun ja, heute weiß ich es besser. Jeder von euch war so besonders und einzigartig und rundum wundervoll, und das vom Moment eurer Geburt an. Rueben, du warst hinreißend aufgeschlossen und mitteilsam, ganz Kreativität und Übermut, der geborene Komödiant. Immer dabei, dir etwas auszudenken, immer in Bewegung; man konnte kaum Schritt halten mit dir. Noah, du warst ein stilles, nachdenkliches Baby, aber nur so lange, bis Aretha Franklin zu singen begann. Dann wippte dein kleiner Kopf hin und her, und du fingst an zu tanzen – sogar wenn du im Auto im Kindersitz angeschnallt warst. Und Oli, du warst unglaublich gelassen und so hart wie Teakholz; du hast niemals geweint. Du warst der geborene Entdecker und bist kühn dorthin gekrochen oder geklettert, wo vor dir noch niemand hingekrochen oder hingeklettert war. Dein Vater und ich, wir haben dich so oft von Bäumen geholt, dass ich schon dachte, wir würden versehentlich einen hyperaktiven kleinen Koala aufziehen.

Jede gemeinsam verbrachte Minute war das pure Vergnügen; ich schaute euch gern dabei zu, wie ihr die Augen aufschlugt, euch umgucktet und so hinreißend erstaunt aussaht, wenn ihr schon vor dem Frühstück tausend kleine Entdeckungen machtet. Ich glaube, nichts klingt so schön wie das Lachen unserer eigenen Kinder oder ihre ersten Beinahe-Worte. Jetzt, wo ihr alle herangewachsen seid, groß und stark und mit so viel Klugheit für die Welt um euch herum, kann man sich kaum vorstellen, dass ihr einmal so winzig und zart und neu wart – aber ihr wart es. Und nichts hat sich je besser angefühlt, als euch in meinen Armen zu halten.

Bevor ich Mutter wurde, habe ich wirklich geglaubt, ich wüsste, was wahres Glück ist, aber damit lag ich peinlich falsch. Als euer Vater und ich jung, frei, furchtlos und bis über beide Ohren verliebt waren, bereisten wir gemeinsam die Welt – jeder Tag war ein Abenteuer, von dem ich mir wünschte, es möge nie enden. Aber durch eure Augen sah ich eine völlig andere Welt, die schöner und kostbarer war als alles, was ich beschreiben kann, und in mir selbst entdeckte ich eine ganz andere Person. Die Liebe, die Leidenschaft und Stärke, die ihr in mir freigelegt habt, fühlten sich an wie ein riesiger Stern, der in meinem Herzen wuchs.

Selbst nach einem anstrengenden Tag voll schmutziger Windeln, Schreianfälle beim Zahnen, Küchenchaos und überall herumliegender Spielsachen ging ich nie gern schlafen, weil ich fürchtete, ich könnte den Moment verpassen, an dem ihr etwas zum allerersten Mal tatet. Und jeden Morgen, wenn ich euch aus euren Kinderbettchen hob, fielen mir herrliche kleine Veränderungen auf: Eure Gesichtszüge wurden deutlicher zu euren eigenen, und eure kleinen rosa Finger kräftigten sich. Es war, als würdet ihr im Minutentakt wachsen, und jeder Atemzug, jeder Wimpernschlag war irgendwie wunderbar.

Mit jedem Jahr, das ihr älter wurdet, habt ihr mich immer noch mehr verblüfft und stolz gemacht. Auch ein bisschen verrückt habt ihr mich gemacht, das ist kein großes Geheimnis, aber durch euch sind alle meine Mutterträume wahr geworden. Und ich wollte und will nichts anderes, als dass eure Kindheitsträume sich ebenfalls erfüllen.

Aber dann bin ich gestürzt und konnte nicht wieder aufstehen. Ich kann es noch immer nicht. Und durch meinen Unfall habe ich, statt in eurem Leben ein helles Leuchtfeuer zu sein, so lange einen dunklen Schatten über uns alle geworfen. Ich habe schreckliche Schuldgefühle, weil ich eure Kindheit verdorben habe.

Mein Instinkt als Mutter sagt mir, dass ich für euch sorgen soll, was auch immer geschehe, und es bricht mir das Herz, dass nun ihr gezwungen seid, für mich zu sorgen. Versteht mich bitte nicht falsch – ich bin so dankbar für die Liebe und das Mitgefühl, die ihr mir jeden Tag gebt, aber ich beweine noch immer voller Frustration, dass unsere natürlichen Rollen von Mutter und Kind so grausam umgekehrt worden sind.

Es tut mir furchtbar leid, dass ich aus der Klinik eine solche Traurigkeit mit nach Hause gebracht habe. Ich versuche, Bitterkeit und Furcht von mir abzuwerfen, versuche, positiv zu denken und positiv zu leben, stark zu bleiben und eine mutige Miene aufzusetzen. Aber ihr Jungs durchschaut mich jedes Mal, und ich weiß, dass es euch sehr wehtut, mich leiden zu sehen. Ich weiß, dass meine Tränen euch genauso traurig und hilflos machen wie mich selbst, und das ist genau das Gegenteil von dem, was ich eigentlich möchte.

Meine Liebe zu euch und meine Hoffnungen für eure Zukunft übersteigen alle persönlichen Kämpfe, die ich auszufechten habe. Ich möchte, dass ihr zu mutigen, kompetenten und liebevollen jungen Männern heranwachst – ich möchte, dass ihr glücklich und furchtlos seid und immer eurem wahren Selbst treu bleibt. Ihr habt für mich so viele Opfer gebracht, aber jetzt möchte ich, dass ihr frisch und verwegen lebt; mein Rollstuhl soll keinesfalls ein Anker sein, der euch daran hindert, die besten Jahre eures Lebens zu genießen.

Als eure Mutter möchte ich nichts so sehr, wie euch anzufeuern, wenn ihr euren Leidenschaften nachgeht. Legt eure Träume nie zu den Akten – versprecht mir, dass ihr das nie tun werdet, und ich verspreche euch, dass ich stets versuchen werde, wieder gehen zu lernen!

Eure Liebe hat mich in den schlimmsten Augenblicken meines Lebens getragen – ihr habt mich buchstäblich am Leben gehalten. Oftmals spürte ich, wie ich in die Finsternis stürzte, und wünschte mir so sehr das Ende meiner Schmerzen, dass ich am liebsten nicht wieder aufgewacht wäre. Aber immer wenn der Griff, mit dem ich am Leben festhielt, sich zu lösen begann, riefen mich eure perfekten Gesichter zurück in diese Welt. Meine Liebe zu euch ließ mich durchhalten, wenn mich sonst nichts erreichen konnte. Ich liebe euch viel zu sehr, als dass ich euch jemals zurücklassen würde.

Ich möchte, dass ihr wisst, wie stolz ich auf jeden von euch bin und auf eure besonderen Begabungen – auf dich, Rueben, mit deinen Holzarbeiten, auf dich, Noah, mit deiner Musik, und auf dich, Oli, mit deinen Roller-Stunts. Ich male mir voller Begeisterung aus, was ihr mit euren Talenten erreichen könnt, wen ihr einst lieben werdet und wohin eure Träume euch noch führen. Ich habe große Teile dieser erstaunlichen Welt gesehen, und ich möchte, dass ihr sogar noch mehr entdeckt.

Manchmal ist das Leben nicht fair, aber es bleibt immer noch schön, wenn ihr den Kopf hebt und die Augen aufmacht. Manchmal ist das Leben nicht leicht, aber es ist immer zu ertragen, auch wenn man einen anderen Eindruck hat. Und wenn ihr stets euer Bestes gebt, werdet ihr schließlich dort ankommen, wo ihr schon immer hinwolltet, und das tun, was ihr schon immer tun wolltet, egal, welche Hindernisse euch im Weg stehen.

Als ich zum ersten Mal aus der Klinik nach Hause kam, konnte ich es nicht ertragen, aufs Meer zu blicken, weil ich glaubte, nie wieder surfen zu können. Aber heute surfen wir gemeinsam; es ist nicht ganz so, wie es einmal war, aber noch immer ist es ein großartiges Gefühl, mit euch die Wellen zu nehmen.

Nachdem man mich für die weiteren chirurgischen Eingriffe von Thailand nach Australien geflogen hatte, wollte ich nie im Leben mehr an Bord eines Flugzeugs gehen; die Erinnerungen daran, wie mein furchtbarer Unfall unseren ersten Familienurlaub kaputtgemacht hatte, waren einfach zu niederschmetternd. Aber einige Jahre später, nach unzähligen Stunden harten Trainings im Fitnessstudio und draußen auf dem Wasser, war ich unterwegs nach Italien, um dort an den Parakanu-Weltmeisterschaften teilzunehmen und dann mit euch einen wunderbaren Familienurlaub in Rom zu genießen. Dann waren wir in Kalifornien bei der Parasurfer-WM und erkundeten dort den majestätischen Yosemite-Nationalpark. Heute reisen wir häufig und wohin immer wir wollen. Ich lebe vielleicht nicht so, wie ich gern würde, aber jedes Jahr ist ein wenig besser als sein Vorgänger, und so kann ich der Zukunft mit Freude und Zuversicht entgegenblicken, denn sie wird mir bestimmt noch bessere Tage bringen.

Ich hasse das, was mit mir geschehen ist, ich hasse es wirklich, ich will gar nichts anderes behaupten, aber es gibt auch so vieles, was ich an meinem Leben liebe, und aufgeben werde ich sicher nicht. Meine Geschichte ist noch nicht zu Ende. Und eure Geschichten fangen gerade erst an.

Eines ist mir ganz besonders wichtig: Ihr sollt wissen, dass ich euch innig liebe und immer lieben werde. Bitte lebt meinetwegen nicht in der Warteschleife; tut das, was euch heute glücklich macht, denn ihr wisst nie, was das Leben für euch bereithält.

Wenn euch etwas wichtig ist, dürft ihr nicht zulassen, dass euch die Schwarzseher herunterziehen oder entmutigen. Akzeptiert in keinem Fall ein »Nein« oder »Niemals« als Antwort; setzt ein großes Fragezeichen hinter jede Begründung und jeden Vorwand, mit denen euch die Leute erklären wollen, weshalb ihr dies oder das nicht tun könnt! Und dann müsst ihr mit ganzer Kraft herauszufinden versuchen, wie ihr die Sache, die sie als unerreichbar bezeichnen, trotzdem verwirklichen könnt.

Als mir ein Arzt sagte, ich könnte niemals wieder gehen, beschloss ich, mich lieber darauf zu konzentrieren, wie ich eines Tages doch wieder gehen würde, wie ich meinen Körper wieder aufbauen und mein geschädigtes Nervensystem sanieren konnte und wie ich dazu beitragen konnte, Heilungsmöglichkeiten für mich und andere Menschen zu finden. Und obgleich mir das an manchen Tagen, meinen schlimmsten Tagen, unausführbar vorkommt, weiß ich doch, dass im Leben so viele Dinge unmöglich scheinen, bis jemand daherkommt und fragt, wie man sie umsetzen kann.

Dieses »Wie« bedeutet alles. Auch wenn ich noch nicht wieder auf meinen Füßen stehe, bin ich doch fest entschlossen, eines Tages neu laufen zu lernen, und weil ich auf dieses dem Anschein nach unerreichbare Ziel hinarbeite, bin ich heute viel stärker und glücklicher als vorher. Es ist auch der Grund dafür, dass sich unser Familienleben so entscheidend verbessert hat – und wir stehen ja erst am Anfang. Ein Teil des »Wie« zu sein, ist der Schlüssel dafür, dass ihr euer bestes Selbst seid, dass ihr die Welt ein bisschen besser macht und hin und wieder sogar das Unmögliche erreicht.

Und all dies müsst ihr ja nicht allein schaffen. Eure Mutter und euer Vater werden euch stets zur Seite stehen – und eure Brüder ebenso. Denkt immer daran, dass die Welt voll kluger, liebender und wunderbarer Menschen ist, die euch gern helfen. Nehmt ihre Hilfe an und gebt ihnen mindestens das zurück, was sie euch gaben.

Ich kann nur ahnen, wie erschreckend und verstörend es für euch gewesen sein muss, als ihr mit ansaht, wie sich eure Mutter so schlimm verletzte. Aber lasst euch von einem verrückten Unfall nicht die Sicht auf das trüben, was das Leben zu bieten hat. Schaut lieber auf das medizinische Wunder, das mich am Leben erhalten hat, und auf die unglaubliche Liebe und Unterstützung, die uns zuteilwurden, als wir sie wirklich brauchten.

Das Leben kann hart sein, manchmal sogar scheußlich, aber die Welt ist trotzdem voller Schönheit und Wunder. Ich weiß, dass mir das leicht über die Lippen geht, weil ich im Norden von Sydney lebe und einen Blick auf die Tasmanische See habe. Das Schlimmste, was unserer Gemeinschaft hier widerfahren ist, war vielleicht der tote Wal, den die Wogen bei einem Sturm in unser Meeresschwimmbecken hoben. Aber auch anderswo habe ich Schönheit und Wunder im Überfluss gesehen – genau wie ihr. Überall bin ich auf Freundlichkeit und Güte gestoßen – genau wie ihr. Ja, diese Welt kann einem das Herz brechen, aber sie kann es auch wieder ganz machen.

Bitte haltet nichts für selbstverständlich; achtet auf die besonderen Details und gebt euer Bestes, um auch die kleinsten Freuden und Überraschungen im Leben zu würdigen, denn gerade diese Dinge werden euch am meisten fehlen, wenn ihr sie einmal verlieren solltet. Glaubt mir, ich weiß da Bescheid.

Seid freundlich zu allen Menschen, denen ihr begegnet, und ganz besonders zu denen, die von Zorn, Frust oder Kummer überwältigt zu sein scheinen. Ihr könnt nicht wissen, mit welch schrecklichen Belastungen sie zu kämpfen haben. Eure Worte und Taten können für diese Menschen alles bedeuten. Schon ein einziger Augenblick von Mitgefühl rettet womöglich ein Leben.

Bitte liebt und unterstützt euch gegenseitig so, wie ihr es stets getan habt, denn obgleich ihr, jeder für sich, schon ganz erstaunlich seid, habt ihr gemeinsam doch so viel mehr Kraft. Ich zweifle nicht daran, dass ihr zu dritt absolut alles schaffen könnt, was ihr euch vornehmt.

Und wann immer ihr mich seht oder an mich denkt – bitte erinnert euch daran, wie ich vor dem Unfall war, denn so möchte ich mich weiterhin fühlen, und eines Tages möchte ich auch wieder so sein. Ihr sollt wissen, dass ich mein Bestes gebe, um die Mutter zu sein, die ihr verdient habt, und dass ich Tag für Tag mit jedem Gramm Kraft und Energie, das in mir steckt, kämpfe. Und wenn ihr seht, wie ich an meinen schlechten Tagen zu rudern habe, dann steht mir der Schmerz ins Gesicht geschrieben, weil ich so verbissen darum kämpfe, Fortschritte zu machen, und nicht, weil ich kurz vor dem Aufgeben bin. Ich werde euch, unsere Familie und mich selbst gewiss nicht aufgeben.

Ich vermisse Penguin sehr und denke ständig an sie; immer wieder muss ich feststellen, dass ihre Ankunft in meinem Leben wie ein Wunder war – genau wie einst eure. Sie hat uns so viel Hoffnung, Freude und Lachen geschenkt, und doch waren all diese schönen Gefühle eigentlich die ganze Zeit in uns, und wir konnten sie nur nicht mehr sehen, weil sich die Angst, die Wut und der Kummer, die uns verzehrten, vor sie geschoben hatten. Und so bitte ich jeden von euch, seine Freunde gut auszuwählen und die »Penguins« in seinem Leben aufzuspüren – Menschen, die die besten Wesenszüge in uns freisetzen können. Und vor allem ermuntere ich euch dazu, ein »Penguin« für andere zu sein.

Ich hasse meinen Rollstuhl und alles, wofür er steht, aber es gibt im Leben noch so viele Dinge, die ich liebe und für die ich zutiefst dankbar bin. Ich liebe euren Vater, unser kleines Zuhause, den Wald und den Ozean gleich vor unserer Türschwelle und den endlos blauen Himmel. Ich liebe die Lieder der australischen Singvögel – besonders natürlich die der Elstern – und das warme, goldene Licht eines Sommernachmittags, an dem wir alle zusammen auf dem Rasen vor unserem Haus sitzen.

Aber vor allem bin ich unglaublich dankbar dafür, nicht gestorben zu sein, denn so kann ich heute meinen drei Jungs beim Größerwerden zusehen.

Ihr seid von allem, was diese Welt zu bieten hat, das Beste, ihr seid die gleichzeitige Erfüllung aller meiner Träume, und ich liebe euch von ganzem Herzen.

Dank

Dieses Buch ist ein Zeugnis der Liebe und des Mutes. Es ist immer schwierig, über Schmerz und Leid zu berichten, und um aus rohen Emotionen und bitterem Kummer etwas Reichhaltiges und Schönes zu schöpfen, brauchte es stetige Unterstützung durch vertrauenswürdige Kollegen, enge Freunde und, vor allem, die Familie.

Sam möchte an dieser Stelle ihren Surfsponsoren danken – Blackmores, Hurley, LSD Surfboards, Deus Ex Machina, FCS, Quiksilver and Roxy. Sie ermöglichen ihr Wettkämpfe in der ganzen Welt.

Sam, Cam und Bradley möchten ihre beiden Champions aus der Verlagsbranche würdigen: Brigitta Doyle von HarperCollins Publishers (Australien) und Britta Egetemeier vom Penguin Verlag (Deutschland).

Ebenso möchten sie Sir Albert Zuckerman von Writers House (New York) und Jeanne Ryckmans von der Cameron Creswell Agency (Sydney) ihre anhaltende Dankbarkeit bekunden, denn sie haben das Entstehen des Buches beratend begleitet und ermutigt.

Und ganz besonders danken möchten sie allen Familienmitgliedern, Freunden und Helfern, die dabei mitwirkten, weltweit finanzielle Mittel und Aufmerksamkeit für führende Hilfsorganisationen auf dem Gebiet der Rückenmarksverletzungen einzuwerben. Sam, Cam und Bradley spenden zehn Prozent ihrer Erlöse aus dem Verkauf dieses Buches an Wings for Life (www.wingsforlife.com) und bitten Sie darum, diese lebensverändernde Hilfsorganisation ebenfalls auf jede Ihnen mögliche Weise zu unterstützen.

Nicht morgen.

Heute.